L'ABBÉ JOSEPH JACQUIER
Curé-Archiprêtre de La Motte-Servolex

MONOGRAPHIE
RELIGIEUSE ET HISTORIQUE
DE
LA MOTTE-SERVOLEX

ILLUSTRÉE DE PHOTOGRAVURES HORS TEXTE

CHAMBÉRY
IMPRIMERIE GÉNÉRALE SAVOISIENNE
5, rue du Château, 5

1912

MONOGRAPHIE

RELIGIEUSE ET HISTORIQUE

DE

LA MOTTE-SERVOLEX

Abbé Joseph JACQUIER

Curé-Archiprêtre de La Motte-Servolex

MONOGRAPHIE

RELIGIEUSE ET HISTORIQUE

DE

LA MOTTE-SERVOLEX

ILLUSTRÉE DE PHOTOGRAVURES HORS TEXTE

CHAMBÉRY
IMPRIMERIE GÉNÉRALE SAVOISIENNE
5, rue du Château, 5

1912

DÉDICACE

C'est à vous, mes chers Paroissiens, que je dédie ce travail. J'aime à croire qu'il ne vous sera point indifférent, car vous aimez tout ce qui touche à votre belle commune. Vous êtes fiers de ces vallons et coteaux où s'écoule votre vie laborieuse et calme : et vous avez raison. Vous êtes particulièrement fiers, je le sais, des traditions religieuses de votre paroisse, de tous les efforts chrétiens de vos ancêtres, et des vôtres, soutenus pour la cause catholique, pour le maintien de la Foi dans vos familles : et vous avez mille fois raison.

Aussi, vous sera-t-il agréable, je l'espère, de parcourir avec moi, à grands pas, quelques siècles de votre histoire religieuse et sociale.

Je m'efforcerai, dans cet opuscule, de faire revivre vos aïeux, de les mettre en action dans les lieux et circonstances où ils ont vécu. Vous les verrez s'acheminer, les vieillards, lents et pensifs, les jeunes, joyeux et pleins d'espérance, vers votre antique église qui domine, depuis huit siècles au moins, la butte du Prieuré, ou bien, vers celle, plus petite, mais tout aussi ancienne, de Saint-Etienne-de-Servolex. Comme vous, et mieux que vous peut-être, ils y priaient. Puis, à la sortie des offices, sur la place, en assemblée, ils discutaient les intérêts de la communauté.

Etaient-ils plus heureux ou moins heureux que vous ? Qui pourrait le dire. Ils avaient, sans nul doute, moins de bien-être matériel ; mais aussi se créaient-ils moins de besoins factices. Le bonheur est si relatif ici-bas ! Il dépend surtout du devoir accompli, et de la paix de l'âme avec sa conscience et son Dieu.

AVANT-PROPOS

A cinq kilomètres de Chambéry, sur le côté gauche d'une assez vaste plaine, s'étend la commune de La Motte-Servolex. Guides et voyageurs sont unanimes à reconnaître les grâces du paysage et la fertilité du sol. Les sites, en effet, se succèdent, ondulés et variés. Les terres, arrosées par de nombreux ruisseaux qui descendent du Mont-Lépine, présentent une opulente végétation. Les céréales, les prairies, la vigne, se mêlent et s'étagent jusque sur les flancs de la montagne.

Sur la déclivité du Lépine et sur le plateau qui dévale de Saint-Sulpice, s'étalent de nombreux villages qui fournissent le gros de la population. Dressées au milieu des arbres, près de quelques rustiques fontaines, ces vieilles maisons semblent ne point se soucier des agitations du monde.

De ces hauteurs, un merveilleux tableau s'offre à la vue : plateaux, vallons, coteaux, légers mamelons, puis la plaine vaste et grave, semée de grands peupliers, et, au bout, le lac du Bourget, chanté par Lamartine.

Quelques points plus brillants, parsemés sur cette large toile, attirent le regard. Ce sont des châteaux, entourés de parcs aux arbres séculaires, des villas fraîches et pimpantes, même quelques antiques habitations, un peu déchues de leur passé bourgeois.

La population de La Motte-Servolex s'élève, d'après le recensement de cette année 1911, au chiffre de 2.680 habitants (le Trembley compris), répartis en 21 villages disséminés sur toute la surface du territoire, et, quelques-uns, à plus d'une lieue du bourg. Le plus favorisé, comme site, et le plus coquet (¹), est Servolex qui, depuis 1794, s'est livré corps et biens à La Motte, et lui a prêté son nom. Il s'est assis gracieusement à la porte du Bourg, sur un large mamelon couronné de grands arbres, sous lesquels s'abritent deux belles résidences (²).

La population de La Motte-Servolex tient au sol par des racines profondes. La grande majorité des familles actuelles ont des origines locales de plusieurs siècles. Elles cultivent les champs et s'abritent sous les toits — embellis toutefois — de lointains ancêtres.

D'un caractère pacifique, âpres au travail, économes, ambitieux d'un meilleur être, les Motterains ne se laissent point agiter par les politiciens et les commis-voyageurs d'idées creuses. Ils aiment l'ordre, la paix, l'indépendance, leurs traditions religieuses et sociales. Ils jouissent d'une certaine aisance que leur fournissent les champs fertiles et les prairies luxuriantes ; mais les ressources industrielles font quelque peu défaut. Cette source de richesse n'est représentée que par deux moulins et deux scieries de moyenne impor-

---

(1) Qu'on nous pardonne cette préférence. Servolex est le dernier venu dans la famille, et les cadets sont généralement les choyés.

(2) Les châteaux de M. Barral et de M. le chanoine Costa de Beauregard.

tance, et par une usine dont le but curieux est de rendre à la vie honnête les déchets des autres industries (¹).

La Motte-Servolex possède un pensionnat libre, prospère, où de nombreux enfants des deux Savoies et d'ailleurs, reçoivent une éducation complète au point de vue religieux, agricole et commercial.

Ces quelques coups de pinceau dessinent assez vaguement cette grande commune ; mais aussi, n'est-ce point le motif de ce modeste travail. Le présent est sous les yeux de qui veut le voir ; or, c'est quelque chose du passé religieux que nous voudrions mettre au jour : les origines lointaines de votre paroisse, ou plutôt de vos deux paroisses, la Motte et Servolex ; quelques notes historiques sur leur état aux xvie, xviie et xviiie siècles ; puis la crise révolutionnaire qui les a violemment agitées ; enfin leur restauration en 1803. Tel est le sujet de cet opuscule.

Les paroisses de La Motte et Servolex ont vécu d'une vie distincte, durant huit siècles au moins. Leur réunion n'eut lieu qu'en pleine Révolution. Et c'est pourquoi nous traiterons de l'une et de l'autre en deux chapitres différents.

La vie sociale, au moyen-âge, était tellement mêlée à la vie religieuse que, étudier l'une, est entreprendre sur l'autre. Donc, quelques considérations sur l'état social seront amenées comme naturellement dans le récit.

---

(1) Moulins de MM. Noiton et Vuillermet ; scieries de MM. Chirat et Décroux ; usine de MM. Cabaud frères.

Chers lecteurs, que l'aridité des deux premiers chapitres ne vous rebute point. Nous ne pouvions livrer à l'imagination ou à la fantaisie l'exposition des vieux documents qui nous sont tombés sous la main. Les circonstances de ces faits très anciens nous échappent, et, par là, tout développement serait risqué.

Il est d'usage de noter, au bas de chaque page, l'origine des documents qui ont été consultés. Pour ne pas multiplier ces notes, qui vous intéressent peu, des infractions seront commises à la règle. Voici, en quelques mots, les sources où nous avons puisé :

1° *Recherches historiques sur le Décanat de Savoie*, ouvrage très documenté de M. le chanoine TRÉPIER ;

2° Les Archives notariées de feu le comte Marin, mises gracieusement à notre disposition par M. le chanoine Costa de Beauregard ;

3° L'*Armorial de Savoie*, pour ce qui regarde les familles seigneuriales ;

4° Quelques documents découverts aux Archives départementales ;

5° Sur la féodalité, TAINE : *Origines de la France contemporaine* ;

6° Pièces éparses, fournies par quelques familles nobles ;

7° Les Archives paroissiales de La Motte ;

8° Les Archives communales ;

9° Le savant ouvrage de M. PÉROUSE, archiviste départemental : *Les Communes et les Institutions de l'ancienne Savoie*.

Mais ici, nous avons un devoir de reconnaissance et de justice à remplir envers le sympathique et dévoué maire de La Motte-Servolex, M. Charles Cabaud, qui, non seulement nous a ouvert tout grands les casiers des Archives municipales, mais a réellement collaboré à ce travail par ses recherches personnelles, par la découverte de documents intéressants et aussi par ses encouragements.

VUE GÉNÉRALE DE LA BUTTE DU PRIEURÉ

LIVRE I

LA MOTTE, DU XIe SIÈCLE A LA RÉVOLUTION

CHAPITRE PREMIER

Les Origines de la Paroisse

Le Prieuré de Saint-Jean-Baptiste de La Motte

L'étymologie de ce nom n'exige point de longues recherches. La Motte, du vieux mot latin *mota*, motte de terre, tire évidemment son nom de ce mamelon sablonneux au sommet duquel se dresse la vieille église de cette paroisse.

Cette dénomination a subi quelques légères modifications à travers les siècles. Dans le Cartulaire de St-Hugues, évêque de Grenoble (1108), cette paroisse est simplement appelée *La Mota* ; en 1274, *Mota* ou *Motta*. En 1581, dans un compte-rendu d'une visite pastorale, elle est désignée sous le nom de *Mota-Cervolesium*. Dans des actes administratifs de 1738 et 1742, elle prend le titre de *Motte-et-Montfort,* ou *Motte-de-Montfort*, puis *Motte-Montfort*, de la chapelle rurale de Montfort, située sur les confins de Saint-Sulpice [1].

Quoique nous prenions, comme point de départ, la fin du XIe siècle, nous n'avons pas la prétention de fixer à

---

(1) VERNIER : *Dictionnaire topographique de la Savoie.* — Bibliothèque de Chambéry.

cette date l'origine de la paroisse. Le culte paroissial, en Savoie, et particulièrement en cette vallée très ouverte, remonte incontestablement à plusieurs siècles au-delà. Il est à croire qu'une église existait à La Motte, et peut-être sur la butte, avant celle dont nous nous occupons. Mais au xe siècle survinrent les barbares, Sarrazins et autres, qui ravagèrent notre pays, comme ils dévastèrent la France. L'histoire nous les montre s'acharnant principalement sur les sanctuaires chrétiens. Bien des églises furent détruites, qui ne se relevèrent pas de si tôt. Après l'invasion, les seigneurs avides s'emparèrent des revenus ecclésiastiques, et en disposèrent à leur guise. C'était même jeux de princes, rois de Bourgogne ou grands feudataires. Aux xie et xiie siècles, ces détenteurs de biens religieux, menacés d'excommunication, finirent, en grand nombre, par les restituer à des gens d'Eglise. Ils choisirent, de préférence, des communautés religieuses, dont ils se proclamèrent les bienfaiteurs. Telle fut, peut-être, l'origine de notre prieuré.

Prieuré de Saint-Jean-Baptiste

La paroisse de La Motte fut, sinon fondée, du moins restaurée par les chanoines réguliers de Saint-Augustin (¹). A quelle date précise ? Nous ne savons. Nos recherches, sur ce point, ont été infructueuses. Ce que nous pouvons affirmer, sans crainte d'erreur, c'est qu'un prieuré, chargé du ministère paroissial, existait, sur la butte, à la fin du xie siècle, ou, tout au moins, aux premières années du xiie.

---

(1) Les chanoines réguliers de Saint-Augustin étaient des clercs réunis en communauté, vivant sous une règle, laissée, dit-on, par St Augustin, et ayant fait vœu de pauvreté en faveur du monastère.

St Hugues, évêque de Grenoble, mentionne, avons-nous dit, le prieuré de Saint-Jean-Baptiste de la Mota, dans son Cartulaire de 1108 ; et ce n'est point lui qui l'avait fondé, car il y aurait établi, comme à Saint-Jeoire, à Clarafond, à Arvillard, des chanoines réguliers de son Chapitre cathédral. Or, dès son origine, notre prieuré relevait du Chapitre de Belley. Dans une bulle du 6 décembre 1142, le pape Innocent II fait état du diocèse de Belley, divisé en trois obédiences : Belley, Valromey, La Mota.

Le prieuré de La Motte était un des seize compris dans le décanat de Savoie. Le diocèse de Grenoble se divisait en quatre doyennés ou décanats, dont le nôtre. Ce dernier était soumis à la juridiction du doyen de Saint-André [1], vicaire de l'évêque pour cette partie du diocèse. Cette juridiction déléguée du doyen, tout aussi bien que la juridiction directe de l'évêque, ne s'exerçait pas d'égale façon sur les prieurés et les paroisses séculières, à moins que les premiers ne fussent de fondation épiscopale.

Les prieurés se divisaient en deux classes : en prieurés simples et en prieurés-cures. Les premiers relevaient d'un Chapitre régulier, d'un prieuré-chef ou d'un prieur, pour le spirituel et le temporel, et ils n'exerçaient pas le ministère paroissial. Les seconds étaient reliés, comme les précédents, à quelque maison-mère qui leur fournissait le personnel ; mais ils occupaient l'église paroissiale, et remplissaient, auprès des âmes, les fonctions pastorales. Par ce côté, ils relevaient de la juridiction épiscopale. Tel était le prieuré de La Motte.

---

(1) Saint-André, ville ensevelie sous l'éboulement du Mont-Granier en 1248.

Sa Fondation

Au XIe siècle, la Savoie faisait partie du royaume de Bourgogne. Le comte de Maurienne, Humbert-aux-Blanches-Mains, était le grand administrateur des biens fiscaux du roi Rodolphe III, et le conseiller écouté de la reine Hermengarde, dans les œuvres pies. Ce fut sans doute pour répondre aux désirs de sa souveraine qu'il fonda, en 1030, le prieuré du Bourget. Or, le Bugey, dont la capitale était Belley, dépendait lui aussi du roi Rodolphe ; et Humbert-aux-Blanches-Mains exerçait, sans doute, en ce pays, ses fonctions administratives. Pour s'attirer les bonnes grâces, ou pour récompenser quelque service du puissant Chapitre de Belley, ne lui aurait-il pas concédé des droits féodaux et quelques terres à La Motte ? C'est une hypothèse qui n'a rien d'invraisemblable. Dans le cas, l'on pourrait fixer la fondation de notre prieuré entre 1030 et 1050.

Quarante ans plus tard, le Bugey eut des relations plus étroites avec la Savoie. Il fut donné en fief, vers 1080, à Amé II, fils d'Odon, comte de Maurienne, et petit-fils d'Humbert-aux-Blanches-Mains. Comme don de joyeux avènement, ce seigneur n'aurait-il point cédé la paroisse de La Motte et ses revenus aux chanoines réguliers de Belley ? Cette opinion nous paraît la plus probable.

Quoiqu'il en soit, vers cette époque, le Chapitre cathédral de cette ville envoya quelques-uns de ses chanoines à La Motte, pour y fonder un prieuré. Ce couvent fut modeste dans ses proportions. S'il a subi quelques modifications, dès son origine lointaine, il ne s'est pas agrandi (1).

---

(1) Maison et dépendances actuelles de M. Arbet.

Il se composait primitivement, comme aujourd'hui, de deux corps de bâtiments parallèles, fermés au Nord-Est par une annexe qui les réunissait, et l'on entrait par la cour intérieure. Les tours, qui flanquent le côté droit, paraissent appartenir au plan primitif, mais elles ont perdu leur aspect moyennageux par l'agrandissement et la régularisation de leurs baies. Cette partie de l'immeuble n'a conservé aucun caractère de l'époque. Il n'en est pas de même de l'aile gauche (d'une grande partie, du moins). Ce vieux mur à meurtrières remonte à la fondation du prieuré.

L'Eglise primitive du Prieuré

Les religieux se mirent à l'œuvre pour construire une église proportionnée à la population, déjà nombreuse, de la paroisse (1). Elle fut édifiée près du couvent, et reliée à ce dernier par un préau qui le mettait en communication avec la sacristie (2). Dans les nombreux documents que nous avons consultés, il n'est fait nulle part mention d'agrandissement, jusqu'en 1828. Ce monument occupait donc, à peu de chose près, tout l'emplacement de l'église actuelle, moins le chœur.

Il se composait de deux nefs régulières : la nef centrale actuelle et la nef de droite, reliées, non par les grands arcs que nous voyons aujourd'hui, mais par des ouvertures bas-

---

(1) La paroisse de La Motte comprenait La Motte proprement dite et Le Trembley. Servolex constituait une paroisse distincte.

(2) Si nous ne pouvons certifier notre opinion, nous la donnons au moins comme sérieusement probable, grâce aux recherches que nous avons faites.

ses, qui correspondaient à des chapelles, disposées contre le mur latéral. La nef centrale était également percée, sur son côté gauche, d'ouvertures romanes qui donnaient accès à d'autres chapelles, distinctes, séparées, qui se prolongeaient très irrégulièrement sur la partie nord du cimetière. Tel était l'aspect de l'église à la fin du XVII° siècle, donc, très probablement, à son origine. Il est bien certain que la nef centrale n'a jamais subi de modifications radicales : la voûte seule a été reconstruite en 1458.

Nous verrons, dans la suite du récit, par quelles vicissitudes a passé notre clocher ; mais, nous pouvons certifier que sa base, jusqu'au milieu de l'ogive actuelle, date du XII° siècle.

* * *

Nous n'avons aucun document sur les deux cents années qui suivirent la fondation du prieuré et de son église. Il est permis de croire que le ministère pastoral, largement assuré par quatre ou cinq chanoines réguliers, activait la vie religieuse de La Motte. Ce moyen-âge fut remarquable par sa foi ardente et ses manifestations religieuses. Vous pouvez vous représenter ces défilés de fidèles qui s'acheminaient, de tous les points de cette grande paroisse, vers l'église à découvert sur la butte. Que de longues et pénibles marches, par des routes accidentées et mal entretenues, s'imposaient vos aïeux, pour accomplir leurs devoirs de chrétiens ! Et ils étaient plus réguliers que vous.

Deux chemins étroits conduisaient à la butte : celui qui partait de Leyaz, et montait, rapide et droit, jusqu'en face de l'église ; et celui qui venait du bourg, et longeait, à droite et à gauche, des hutins, teppes et jardins.

Acte d'union du Prieuré au Chapitre de Belley en 1274

Le prieuré de Saint-Jean-Baptiste de La Motte, fondé par le Chapitre des chanoines réguliers de Belley, s'était-il dégagé de cette sujétion première, ou bien éprouvait-il le besoin d'un lien plus étroit avec le prieuré-chef ? Nous ne savons. Le fait est que, en 1274, par un acte passé à Belley [1], en assemblée capitulaire, le mardi de la Passion, le couvent de La Motte fut uni à la maison-mère.

Ce document est fort curieux. Il projette quelque lumière sur ces origines obscures. Nous le donnons intégral, dans sa traduction du XVIIe siècle. (*Pièces justificatives*, No 1, à la fin de l'opuscule.)

De par cet acte, dès 1274, le prieur de Belley est simultanément prieur de La Motte, avec tous les droits et privilèges qu'il possède en son Chapitre. Un des chanoines est spécialement délégué pour remplir les fonctions de curé ; un autre est procureur et chargé du temporel, et tous deux révocables à merci.

Le Pouillé [2] de 1600 note, comme personnel religieux du prieuré, six chanoines, plus le curé, le procureur et un vicaire perpétuel séculier.

Le couvent possédait des biens, dès sa fondation, et ces biens avaient quelque importance déjà au XIIIe siècle, à considérer la part des revenus que se réserve, dans l'acte d'union précité, le Chapitre-chef.

---

(1) Archives paroissiales de La Motte Servolex, qui possèdent de cet acte une traduction du XVIIe siècle.
(2) Un Pouillé, corruption de Polyptique, est un état général des bénéfices ecclésiastiques d'une province.

Propriétés et revenus du Prieuré

Les avoirs du prieuré provenaient de trois sources distinctes :

1° Du fondateur, d'Amé II, si vous le voulez. Lorsqu'un seigneur fondait une paroisse ou un couvent, il ne se contentait point de fournir un terrain à bâtir, il donnait une propriété, et assurait des revenus suffisants pour l'entretien du culte ou du personnel religieux. L'Etat, alors, ne s'en souciait point, et pour cause d'impuissance ;

2° Des fondations faites par des familles riches ou aisées, dont le seul mobile était la piété ; ou bien encore par d'autres, dont la fortune n'avait pas une origine très pure, et qui libéraient leur conscience en alimentant les caisses de la charité. Ces donations étaient généralement grevées de charges, telles que l'obligation de célébrer le Saint-Sacrifice de la Messe plusieurs fois l'an, d'entretenir une chapelle, de distribuer les revenus aux pauvres ;

3° De l'apport, par les religieux, de leur fortune patrimoniale, souvent considérable. Quelques prieurs et chanoines de La Motte avaient nom et fortune de seigneurs. Ils faisaient vœu de pauvreté, mais en faveur du couvent. Ils pouvaient toutefois, quoique religieux, disposer de leurs biens pour des œuvres pies et charitables, mais avec le consentement du Chapitre. Ainsi en agit Amédée de Châtillon, par l'acte que voici :

« L'an 1395, et le 8 juillet, Amédée de Châtillon, prieur, François Aula-Nova, archidiacre, et les autres chanoines, assemblés au Chapitre, le dit Amédée de Châtillon, prieur, fonda en sa chapelle de Sainte-Croix (Belley), en laquelle l'image de Ste Catherine est vénérée, une messe quotidienne pour le repos de son âme et des siens, qui sera célébrée par deux chapelains, créés par le Chapitre et salariés comme les autres quatre chapelains de la dite église. Et pour leur entretien bailla une rente qu'il avait rière La Motte, et outre 3.280 sols d'or à petit poids, pour acquérir 14 sols gros annuels au dit Chapitre ; et, premièrement, à Vimines, 20 vaisseaux et 20 quartans de froment, 4 quartans d'avoine, deux sols gros, cinq galines et deux poulets ; *item* en la paroisse de Saint-Sulpice, *item* en celle-là de Bissy, de La Motte, *item* en la paroisse du Bourget, et aussi quantité de servis » (1).

* * *

Pour juger sainement cet état de choses, pour comprendre, non seulement la légitimité, mais encore l'utilité sociale de cette accumulation de biens entre les mains des religieux, il faut savoir que la société, durant ces âges troublés, avait laissé à l'Eglise régulière et séculière le lourd monopole de la charité et de l'aumône. Couvents et Chapitres n'étaient que les dépositaires fidèles de la part dûe et donnée aux pauvres par les riches du siècle. Cette mission, nous le verrons dans la suite, était consciencieusement remplie.

« Dans un conseil tenu au prieuré de La Motte, le 6 mars 1577, l'on arrête l'état de l'aumône à faire par les fermiers de La Motte (fermiers du prieuré) sur la requête présentée par messire Jean Noyton ; un autre état, sur la requête des paroisses de La Motte, Bissy, Voglans, Servolex

---

(1) Document découvert dans les Archives paroissiales de La Motte-Servolex.

et Saint-Sulpice. La distribution est ordonnée jusques à la quantité de cinq vaisseaux de seigle, jour par jour, durant tout le Carême » (1).

Dans le rapport d'une visite pastorale de l'évêque de Grenoble, il est dit également qu'il se faisait au couvent, tous les jours du Carême et à tous venants, une aumône d'un gros morceau de pain, aux frais du prieur. Ajoutez, à ces lourdes charges, l'entretien du clergé régulier, du vicaire perpétuel, des nombreux auxiliaires, de l'église, du culte, et vous trouverez un large débouché à ces revenus généralement payés en nature.

Les donations ou fondations, source principale des rentes, étaient faites, tantôt en faveur du prieuré, et, dès lors, elles relevaient uniquement du prieur et du Chapitre de Belley ; tantôt en faveur du curé et de l'église paroissiale, et, dans ce cas, le procureur en avait la haute administration, mais il ne pouvait les détourner de leur but. Nous les distinguerons donc dans l'énumération que nous allons en faire.

Le couvent, soit le Chapitre de Belley, possédait la maison d'habitation, et un immeuble servant de grenier, sis à quelques mètres de l'entrée de l'église, figuré sous le n° 4.910 de l'ancienne mappe. Entre cet immeuble et le prieuré, se trouvait la partie principale du cimetière, qui se continuait, plus étroit et très irrégulier, tout autour de l'église.

Le jardin des R^{ds} chanoines (n° 4.901) (2) longeait l'aile

---

(1) Archives de feu le comte Marin.
(2) Nous avertissons le lecteur, une fois pour toutes, que les numéros placés entre parenthèses se rapportent à l'ancienne mappe de 1730.

droite du couvent et s'étendait jusqu'au chemin. La superficie en était de 211 toises et 3 pieds. Les religieux possédaient, à la côte, un champ de 3 journaux 235 toises et 6 pieds (1). Ajoutez à ces parcelles trois prés-marais, classés sous les nos 3.069, 6.061 et 3.107, et c'est tout ce que le couvent possédait, comme propriété foncière, sur le territoire de La Motte.

Outre le domaine direct sur ces terres et immeubles, notre prieuré jouissait de droits seigneuriaux, à lui concédés par nos Comtes et Ducs, sur certaines propriétés ; ces droits se nommaient servis. Il percevait également la dîme.

Nous lisons, dans le Pouillé de 1497, que les revenus de nos chanoines réguliers s'élevaient à 300 écus. En 1729, ils consistaient en dîmes sur La Motte et Bissy, et en un terrier sur La Motte, Servolex, Bissy, Saint-Sulpice, Saint-Baldoph, Francin, Montmélian, Arbin et La Chavanne. Le total montait à 2.200 livres, ce qui dénote de bien modestes parcelles.

Ces redevances féodales n'entraient pas toujours amiablement dans la caisse ou le grenier du Chapitre. Le 30 janvier 1710, noble Philibert Chappel, comte de Rochefort, qui avait, à Villarcher, quelques terres grevées de servis, s'obstinait à ignorer ses obligations. Depuis deux ans, il négligeait cette dette qui consistait en un quartan de froment et un quartan d'avoine « bon beau blé et recevable, mesure de Chambéry, payables et postables dans le grenier du prieuré, à chaque fête de St Michel-Archange, perpétuellement ». En seigneur de bonne société le procureur du

---

(1) Ce champ est occupé aujourd'hui, en partie par une vigne, en partie par une carrière de sable.

Chapitre avait réduit ce servis au tiers de sa valeur, en raison de la stérilité du sol et des ravages de Leysse. L'huissier Philippon, réquisitionné par Etienne Claret, fermier du prieuré, somma le curateur du comte de Rochefort de régler cette affaire ; ce qui fut fait sans procès (1).

De même, en 1757, Claude-François Burnier, en sa qualité de fermier du Chapitre, se voit dans la nécessité de faire assigner honorable Vve Morens et son fils, pour 48 livres et 5 sols de servis et droits féodaux arriérés (2).

Ces redevances et servis seigneuriaux, dûs au prieuré, avaient atteint leur plus grand développement au commencement du XVIIIe siècle. Dès cette époque, ils ne tendront qu'à s'affaiblir et disparaître. La propriété foncière, au contraire, tout en restant modeste, s'arrondira de quelques parcelles. Les familles de Pingon, Pacoret de Saint-Bon, Perrin, qui possédaient quelques pièces de terre sur la butte, ou à la côte, finiront par s'en désintéresser en faveur des R^{ds} chanoines, avec charge de messes. A la Révolution, tout le clos actuel appartenait à notre prieuré.

Biens et revenus de la Cure

Pour vous faire une idée de l'aspect de la butte, du XIIe au XVIIIe siècle, figurez-vous, sur la côte nord, quatre petits immeubles attigus, précédés de jardins minuscules, limités eux-mêmes par le cimetière. Faites abstraction de la masse imposante du pensionnat, de ses terrasses et dépendances. En face de l'église, à droite du chemin qui

---

(1) Archives départementales. Rares documents relatifs à La Motte.
(2) Archives de feu le comte Marin.

montait de Leyaz, se trouvait, en pente assez rapide, une teppe et un jardin. A la suite, du côté du bourg, une vaste cour de 100 toises 1 pied, au fond de laquelle une maison bourgeoise d'une superficie de 37 toises. Sur la gauche de la cour, une grange, puis un pré qui longeait tout le côté droit de la rue, jusqu'au chemin de Servolex ; et dans ce pré, une seconde grange. En 1700, cette propriété, close déjà, appartenait à la noble famille de Pingon, et depuis plus d'un siècle [1].

Passons au nord. La côte, depuis l'angle de cette propriété, jusqu'au cimetière actuel, était enserrée par une bande de terre-pâturage (n° 4.905), d'une contenance de 5 journaux 168 toises et 5 pieds, appartenant à la communauté (commune).

Ceci dit, que possédait la cure en cet enclos ? Tout d'abord, une maison (n° 4.917) occupant une superficie de 17 toises et 5 pieds. Elle était bâtie sur le côté nord du jardin actuel, fortement assise sur un mur de soutènement. C'était le presbytère. A droite, et contiguës à cet immeuble, se trouvaient deux modestes habitations, dont la première fournissait quelques revenus à la chapelle de St Georges, et dont la seconde servait de logement au vicaire. A gauche de la cure, une cour de 30 toises et une grange ; à la suite, une petite maison, précédée d'un jardin, dont les revenus étaient affectés à la chapelle de St Félix.

Ces immeubles, construits sur une même ligne, fermaient le côté nord de la butte. Leurs cours et jardins modestes touchaient à la partie du cimetière qui longeait le côté gauche de l'église.

---

(1) Archives municipales. Mappe de 1730. — *Journal des Contribuables*.

Ajoutez à cela un verger et potager, deux parcelles à la côte, un petit pâturage au Mollard, et vous aurez toute la propriété affectée primitivement à l'entretien du curé. C'était peu.

Le long des siècles, des donations, généralement grevées de charges, et plus nombreuses qu'importantes, développèrent le bénéfice-cure, sans le rendre opulent.

L'énumération de ces champs, prés ou marais serait fastidieuse à la généralité des lecteurs. Nous renvoyons les plus curieux au N° 2 des *Pièces justificatives*, à la fin de cet ouvrage.

Ce n'était point une fortune. En 1497, les revenus de la cure étaient de 140 florins [1] ; ceux de la vicairie, de 50 florins. En 1673, les premiers s'élevaient à 150 florins en argent, 22 vaissels de froment, 12 d'avoine, 3 de seigle et 4 *sommées* de vin. La cure possédait en outre 12 *fosserées* de vigne et 10 *séterées* de pré. Les produits de la dîme étaient compris dans ces rentes annuelles.

La vicairie, à la même époque, percevait 50 florins, 12 vaissels de blé et 2 tonneaux de vin.

Les Chapelles et leurs revenus

Les chapelles, érigées dans l'église, étaient nombreuses. Elles avaient été fondées, à la suite des temps, par quel-

---

[1] L'unité monétaire en Savoie fut longtemps le florin, divisé d'abord en 12 gros, et plus tard en 12 sols, valant chacun 12 deniers.

En 1717, un édit du 17 février lui substitua la livre, divisée en 20 sols, le sol valant 12 deniers. L'ancien florin fut estimé alors à 12 sols et 4 deniers.

ques seigneurs ou riches bourgeois de la commune, qui y établirent leur tombeau. Pour obtenir ce privilège, il ne suffisait pas de construire à ses frais la chapelle ; il fallait la doter et lui garantir des revenus convenables. Ces rentes constituaient un bénéfice. Le fondateur en disposait en faveur d'un clerc de son choix.

Cette investiture ne se donnait qu'avec l'autorisation, ou, selon l'expression consacrée, avec les institutions et provisions de l'évêque du diocèse. En voici un exemple intéressant :

« Le 12 juillet 1669, devant la grande porte de l'église paroissiale de La Motte, noble et R^d seigneur Victor, fils de François-Philibert de Montfalcon, s'adresse à noble messire Laurent d'Apvril, prêtre, curé de la dite paroisse de La Motte, chanoine de la cathédrale de Belley, lui faisant part qu'il a été nommé recteur des chapelles de Ste Anne, de St Cyr, des S^{tes} Cécile et Juliette, dans l'église de La Motte, par notre seigneur François-Philippe d'Arestel, seigneur d'Hautel, le 18 juin dernier, et encore qu'il avait obtenu les institutions et provisions, comme recteur des dites chapelles, du vicaire général de l'évêché de Grenoble, le 8 du courant. Il le supplie donc de le mettre en possession de ces chapelles.

« R^d Laurent d'Apvril met en effet Victor de Montfalcon en possession des dites chapelles, immédiatement, suivant les formes accoutumées » (1).

Ce seigneur d'Arestel avait, sans doute, doté ces chapelles sur sa seigneurie d'Hautel, car elles ne possédaient aucun fonds sur La Motte.

---

(1) Archives du château de Menthon.

La chapelle des S^tes Cécile et Juliette, qui se trouvait dans la nef droite, la deuxième à partir du clocher, avait 31 livres de rente, affectées à la célébration de deux messes mensuelles. Un chanoine de Belley en était le recteur.

La plus richement fondée était la chapelle dédiée à St Joseph. Elle possédait onze pièces de terre disséminées sur le territoire de la paroisse (Voir *Pièces justificatives* n° 3). Nous n'avons pu découvrir la famille fondatrice et patronne de cette chapelle. Peut-être dépendait-elle d'une confrérie, ainsi que celle du Rosaire.

* * *

Une des plus anciennes, sous le vocable de la Ste Trinité, appartenait à la famille Dupasquier, propriétaire à la Curtine. Elle occupait le cinquième rang dans la nef gauche. Elle avait 40 livres de revenus, avec charge pour le recteur, qui était le chapelain de Tresserve, de célébrer une messe par semaine.

Les fonds consistaient en neuf parcelles de médiocre importance. Toutes furent vendues par le Comité révolutionnaire, et achetées par Morat Déloge, qui prétendit les avoir acquises de R^d Gallet, alors recteur de cette chapelle. (Voir *Pièces justificatives*, N° 4.)

* * *

Il y avait dès le XVI° siècle, sur la tribune adossée au clocher, au fond de la nef centrale, une chapelle de la Ste Croix, fondée par la famille Joly de Villardpéron. Elle fut, dans la suite, transférée au maître-autel. En 1748, le recteur en était R^d Jean-Baptiste Charvey. Les revenus, hypothéqués sur tous les biens du sieur Joly, étaient de 24 livres, destinées à la célébration de douze messes annuelles.

* * *

La chapelle de St Georges, qui occupait la quatrième place dans la nef gauche, appartenait à la famille Sardes de La Forest. Elle fut cédée, à la fin du xviiie siècle, au seigneur de Saint-Sulpice, de La Motte. Les revenus étaient de 40 livres, et les charges de 24 messes à célébrer chaque année. Elle possédait, près de la cure, une toute petite maison de 6 toises et 7 pieds de superficie ; au Noiray (n° 1.170), un champ d'un journal et 354 toises ; au Picolet, une pièce de terre de 228 toises (n° 5.055) et deux parcelles à Servolex (n°^{s} 221 et 323).

Ces quelques terres furent vendues, à la Révolution. Le Conseil municipal se rendit propriétaire de l'immeuble sis sur la butte, et le transforma en salle consulaire.

* * *

Vers le sommet de la nef gauche, se trouvait une chapelle dédiée à St Félix. Elle avait été fondée par les seigneurs de Pingon, dès l'établissement de cette famille à La Motte. Les revenus, établis sur un petit immeuble à la côte, sur quelques terres et marais (Voir *Pièces justificatives*, N° 5), furent augmentés, en 1620, d'une donation, faite par Humbert Pacoret, de deux pièces de terre inscrites sous les n°^{s} 5.178 et 5.179. Le tout fut vendu, à la Révolution, à l'exception de ces deux parcelles qui revinrent à leur donateur.

La rente totale ne dépassait pas 60 livres destinées à la célébration de messes.

* * *

Dans la nef droite, la troisième à partir de l'entrée, était érigée une chapelle à St Sébastien. Elle avait été fondée sous le vocable de St Antoine, puis elle changea de patron.

Elle possédait, au Grand-Pré, un pâturage de 3 journaux 326 toises (n° 3.755), et, au même lieu, un champ de la contenance de 1 journal 113 toises 4 pieds (n° 3.756). Elle payait 5 livres 13 sols et 4 deniers de taille (1). Elle perdit, nous ne savons dans quelle circonstance, ses titres et revenus ; elle passa dès lors sous le patronage de la confrérie du Rosaire, et devint la chapelle de ce nom.

* * *

Une dernière chapelle, sous le titre de St Simon et St Blaise, fondée par un sieur Perrin, bourgeois de Chambéry et propriétaire à La Motte, faisait, très probablement, suite à la précédente. Elle n'était pas richement dotée. Nous n'avons découvert, à son actif, qu'un champ à Villardpéron, d'une contenance d'un journal 6 toises et 4 pieds (n° 4.125). En 1660, elle avait, comme recteur et bénéficiaire, R^d Louis Domenget. Ce prêtre s'était retiré du ministère paroissial, et habitait sa maison de Villardmarin, où il mourut le 28 juin 1670. Il fut inhumé dans cette chapelle dont il était recteur.

* * *

Jusqu'en 1837, le Trembley (anciennement Etremblaix ou Etrembley) faisait partie de la paroisse de La Motte. Il avait une chapelle publique, sous le vocable de St Christophe. Par qui fut-elle érigée, et à quelle époque ? Nous n'avons rien découvert à son sujet.

---

(1) Les fonds affectés aux chapelles n'étaient pas considérés comme biens ecclésiastiques ; ils étaient soumis à la taille. Les biens du Chapitre et du prieuré, ainsi que ceux de la cure, n'y étaient pas sujets.

Ce que nous savons, c'est qu'elle était, au début, sans fondation, puisqu'elle ne possédait qu'un placéage de 84 toises 5 pieds.

En 1673, les habitants d'Etrembley-Dessus et d'Etrembley-Dessous, vu la distance d'une lieue qui les séparait de l'église de La Motte, offrirent à l'évêque de Grenoble, Mgr de Madaillan, de s'imposer annuellement de 100 florins, pour avoir, dans cette chapelle, la messe les dimanches et fêtes. Leurs demande et offre furent agréées, et, dès cette époque, un vicaire de La Motte vint chaque semaine y faire les offices.

La Vicairie perpétuelle

Dans l'acte d'union du prieuré au Chapitre de Belley, il était dit « que le chanoine-curé aurait comme auxiliaire un prêtre séculier ». Le vicariat, à La Motte, date donc de 1274. Le prieur présentait-il, à l'approbation de l'évêque, un auxiliaire de son choix ? ou bien l'évêque nommait-il directement au vicariat ? Il importe peu. Le vicaire, en temps que séculier, relevait de l'Administration diocésaine et non du Chapitre.

Il habitait cette modeste maison, dont nous avons parlé, sise à quelque vingt mètres de la cure, sur l'angle nord du jardin actuel. Elle était précédée d'un tout petit jardinet de 3 toises 7 pieds.

Le vicariat ne possédait aucun fonds ; il recevait, du chanoine-curé, sa portion congrue du bénéfice-cure.

La nécessité de cet auxiliaire, considéré l'étendue de la paroisse, s'imposa dès l'organisation du culte. Le chiffre de la population, quoique très variable, fut toujours important.

En 1399, la paroisse comptait 260 feux, soit 1.100 à 1.200 habitants. En 1497, nous ne savons par quelle cause, le nombre fléchit jusqu'à 900. En 1667, d'après le rapport d'une visite épiscopale, il y avait à La Motte 1.300 communiants, soit 2.000 habitants environ. Un autre compte-rendu de 1673 ne nous donne plus que 1.243 communiants. Onze ans après, la population atteignait le chiffre de 2.300. En 1729, elle descendait à 1.800 (¹).

Ce vicariat n'était pas une sinécure. Pour visiter les dix-sept villages dont se composait la paroisse, l'on conçoit la nécessité du roussin dont fait mention l'acte de 1274.

Relation du Prieuré-Cure avec l'Evêque de Grenoble
Droits et Charges de l'Evêque

Un rapide coup d'œil sur la structure et l'état de cette société moyennageuse est utile pour comprendre la nature de ces droits et devoirs réciproques dont nous allons parler.

Dès l'origine de la féodalité jusqu'à la Révolution française, trois classes de personnes avaient, dans l'Etat, une place éminente, avec les honneurs et privilèges qu'elle comporte. Si elles occupaient cette place, nous dit Taine, c'est qu'elles l'avaient méritée (²). C'était, en effet, le clergé, la noblesse et le roi qui avaient construit, à force de dévouement, de persévérance et de bravoure, la société moderne.

---

(1) Pouillé de 1399 et de 1497, et rapports de 1667 et 1673. — Archives ecclésiastiques de Grenoble.
(2) TAINE : *L'Ancien Régime*, préface.

PRIEURÉ DE LA MOTTE
construit, vers l'an 1100, par les R^{ds} Chanoines Réguliers de Belley.
Église du Prieuré, restaurée en 1828.

A la mort de Charlemagne, ses successeurs sont impuissants à défendre la France contre les Germains, les Saxons et les Normands, qui s'acharnent à détruire l'œuvre du Grand Empereur. C'est alors qu'une génération militaire se dresse en face des envahisseurs. Le sauveur sera celui qui sait se battre et défendre ses voisins. Homme de guerre, propriétaire d'une terre franche, évêque ou abbé, aventurier ou chasseur, peu importe. Il a pris son casque et son épée, s'est planté à l'entrée d'une gorge ou d'un vallon, y a construit une forteresse, d'où il sortira pour repousser l'ennemi.

Autour du nid d'aigle, le peuple s'est massé, a bâti son village, confiant dans la bravoure du chef et de ses gens d'armes. Il cultive paisiblement la terre, tandis que la sentinelle veille au sommet du donjon, et que le chef et ses hommes tiennent à distance les barbares, ou les taillent en pièces.

Telle est l'origine de la féodalité. Le protecteur, qui bataille pour la sécurité de ses protégés, acquiert des droits légitimes qui se nomment privilèges seigneuriaux.

La classe dirigeante qui travaillait, depuis le plus long temps, à la civilisation du peuple et à la construction de la société, était le clergé. Pendant que les moines défrichaient les forêts, les évêques arrêtaient les barbares, leur prêchaient l'évangile de la charité, de la douceur, de l'humilité. Ils pliaient ces rudes volontés, ces instincts brutaux, sous la discipline de la morale chrétienne. Si la persuasion ne suffisait pas, ils mettaient casque en tête, et repoussaient, à la tête de leurs ouailles, les ennemis de Dieu et de la patrie.

Ils rendaient d'autres services, tout aussi signalés. L'évêque et le moine siégeaient aux conseils des seigneurs et des rois ; car ils étaient les seuls lettrés, les seuls qui sussent discourir. Comme conseillers et comme théologiens, ils faisaient les lois plus humaines et plus justes ; ils refrénaient les mœurs des rois et des peuples ; ils mettaient enfin un peu d'ordre dans cet organisme social en formation. Défenseurs des faibles contre toutes les tyrannies, instructeurs du peuple, organisateurs des écoles publiques, fondateurs des hôpitaux et des maisons de refuge, nourriciers des pauvres et des orphelins, ils avaient mérité, plus que la noblesse encore, les quelques privilèges dont ils jouissaient sous l'ancien régime.

Les évêques étaient donc, de par leurs mérites passés et présents, chefs temporels et chefs spirituels. Comme seigneurs temporels, ils ont, ainsi que les nobles, des titres. L'un est comte de Maurienne, un autre seigneur suzerain du Gévaudan, d'autres prince de Besançon, prince de Grenoble et conseiller du Roi. Et comme comtes ou princes, ils sont propriétaires ; ils ont des droits seigneuriaux sur leur ville épiscopale, sur une partie du district environnant, quelquefois sur le district entier. Et ces biens sont, partiellement au moins, exempts d'impôts, parce qu'ils sont propriété féodale, privilégiée comme celle du roi, dont l'origine est la même ; mais surtout parce qu'ils sont destinés à toutes les œuvres de charité et de bienfaisance.

Comme prince temporel, l'évêque perçoit des impôts, puisqu'il gouverne, puisqu'il est chargé, au nom du roi et de l'Eglise, de tout administrer dans son diocèse. Souvent même, il est justicier sur ses terres : c'est-à-dire qu'il exerce la basse, la haute ou la moyenne justice, et quelquefois les trois ensemble. Dès lors, il choisit les conseillers, les juges ordinaires appelés châtelains ou mistraux, les juges d'appel, les commissaires et les syndics du pays ;

et la justice, moins boiteuse que celle de nos jours, s'en porte bien.

Trente-deux évêques et nombre de Chapitres étaient, en France, seigneurs temporels avec droits féodaux (¹).

Ces privilèges qui, depuis l'affermissement et l'extension du pouvoir royal, n'étaient plus guère justifiés chez la noblesse laïque, par les services actuellement rendus, étaient très légitimes encore, dans le clergé, dont l'action moralisatrice et civilisatrice continuait à s'exercer, et dont les revenus étaient consacrés aux œuvres de charité.

* * *

L'évêque de Grenoble, dont relevait la cure de La Motte, seigneur et prince de sa ville épiscopale, jouissait des droits féodaux, moins celui de haute justice, sur tout le district, dès le XI° siècle (²). Les privilèges attachés à ce siège avaient été brillamment conquis. Au X° siècle, la ville et le district de Grenoble, devenus la proie des Sarrazins, ne durent leur délivrance totale (en 960) qu'au dévouement de l'évêque Isarn qui, avec l'aide d'hommes énergiques, avait chassé au loin ces infidèles. Le prince-évêque avait, de plus, des revenus purement ecclésiastiques, assez variés dans notre décanat. Ils consistaient :

1° En une pension fournie par quelques prieurés de fondation épiscopale, tels ceux de Saint-Jeoire, de Clarafond et d'Arvillard ;

2° En dîmes, intégrales ou partielles, sur un certain nombre de paroisses ;

---

(1) TAINE : *L'Ancien Régime*, chap. II.
(2) Pouillé de 1497.

3° En un droit dit cathédratique ou synodatique ;

4° En un droit de procuration, pour les visites pastorales, vivres et couvert, ou taxe fixe ;

5° En un droit de sceau pontifical, pour l'institution des curés ;

6° En droits sur les dispenses et sur les amendes infligées par l'Officialité.

Tout cela paraît gros de revenus, mais en réalité répondait à peine aux charges du bénéficiaire. Sur les dîmes, l'évêque devait prélever la part congrue du curé, puis entretenir les églises et le culte.

Le droit épiscopal de procuration, pour les visites pastorales, était onéreux aux curés, sans bénéfice pour les évêques. Pendant quelques siècles, ces derniers visitaient leurs paroisses en cortège excessif. C'était une coutume qu'ils subissaient eux-mêmes. Le Concile de Latran, tenu en 1179, fut prié d'intervenir, et de fixer le maximum des cavaliers qui pouvaient accompagner l'auguste visiteur. Il se montra généreux dans la répression de l'abus, puisque le cortège toléré fut limité à 40 ou 50 chevaux pour un archevêque, à 20 ou 30 pour un évêque, à 5 ou 7 pour un archidiacre, et à deux pour un archiprêtre ou un doyen rural (1).

Qui oserait récriminer ! Les visites, en province, des ministres de notre troisième République grèvent davantage les budgets locaux.

Ces cavaliers et chevaux étaient hébergés et nourris aux frais du prieur ou du curé.

A La Motte, les immeubles de la butte, le couvent com-

---

(1) TAINE : *L'Ancien Régime.*

pris, ne pouvaient y suffire. Le petit bourg d'alors était envahi par ces illustres personnages et leurs respectables montures.

Benoît XII avait fixé le maximum du chiffre de procuration. Lorsque les frais de réception dépassaient cette taxe, le visiteur défrayait le curé du surplus.

Le 14 mars 1340, Jean de Chissé, évêque de Grenoble, vint au prieuré de La Motte, où il séjourna six jours, pendant lesquels il visita les églises de Saint-Cassin, de Montagnole, de Jacob, de Saint-Sulpice, de Vimines, de Servolex, du Bourget et de Saint-Ombre. La dépense faite dans le couvent, durant ce temps, fut de 46 livres 19 sols et 10 deniers, dont l'évêque tint compte au prieur.

Le compte-rendu de cette longue visite de Jean II de Chissé nous apprend que le prieur de La Motte n'avait, sous sa dépendance, que cette seule église. L'inspection minutieuse de l'évêque n'y relève que défaut: L'impression du visiteur est mauvaise ; l'église est mal tenue, pauvre d'ornements. L'image du patron lui-même n'y figure pas.

Les améliorations exigées par l'évêque furent exécutées. En 1356, le rapport est favorable. Tout est bien ; l'ordre parfait règne dans le prieuré et son église : « *Prioratus per omnia inventus est bene ordinatus* ».

La visite épiscopale d'Aymon II de Chissé, en 1399, fut mêlée d'incidents assez vifs. Notre sacristie était convenablement pourvue. Elle possédait une custode et 3 calices en argent ; mais le chanoine-curé, *juvenis sensu, homme de peu de sens*, en avait mis un en gage. Dans quel but ? Pour garantir, sans doute, un emprunt nécessité par des réparations urgentes. L'évêque, fort mécontent, lui intima l'ordre de remettre en place, dans la huitaine, sous peine d'excommunication, le vase sacré.

Un demi-siècle s'écoule, sur lequel les documents nous manquent, et nous nous trouvons à la visite du révérendissime évêque Siboud Allemand, en 1456. Nouvelles constatations fâcheuses. L'église et le clocher, vieux de plus de trois siècles, battus par tous les vents, tombaient en ruines. Une restauration complète fut jugée nécessaire, et le Chapitre de Belley reçut l'ordre de l'exécuter.

Ce travail considérable, qui entraîna de lourdes dépenses, fut achevé en deux ans. Dans sa visite de 1458, l'évêque de Grenoble a le plaisir de noter, dans son rapport, que le chœur, la grande nef et le clocher sont reconstruits à neuf, et que le beffroi possède deux cloches. Les éloges furent prodigués au R^d chanoine-curé. Cette reconstruction à neuf doit s'entendre de la réfection de la grande nef et du chœur, sur les mêmes bases, les dimensions de l'édifice restant les mêmes. Dans la voûte, on mêla l'ogive au plein cintre, ce qui la rendit plus élégante. Le clocher fut repris, dès son soubassement en pierres taillées, et s'éleva large et massif jusqu'à sa flèche. L'arc roman, qui couronnait la porte d'entrée, s'élança en arc ogival, tel qu'il est aujourd'hui.

Toute fraîche-remise, notre église n'occupera plus les architectes, durant un siècle plein. Mais voici qu'en 1584, sous l'instigation de l'évêque François III Fléard, le prieuré fait une nouvelle demande de subsides au Chapitre de Belley [1]. La toiture du chœur est en mauvais état, et la dépense prévue est estimée 800 florins.

Circonstance fâcheuse, le Chapitre, qui soutient un procès coûteux, en Tarentaise, n'a pas de ressources disponi-

---

[1] Le Chapitre de Belley avait été sécularisé en 1578 ; ce qui ne modifia en rien ses relations avec le prieuré de La Motte.

bles ; mais il possède une maison à Chambéry. Sur le conseil du chanoine-curé, il la vend et en affecte le prix à la réparation projetée (¹).

La cure ne résistait pas mieux à l'usure du temps ; elle aussi, chargée de trois siècles, menaçait ruine. En 1493, le bénéfice-cure fut assez riche pour, de lui-même, la remettre sur un pied solide.

Il est à croire que ces immeubles restaurés furent entretenus avec plus de soin que par le passé ; car, en 1687, dans sa visite pastorale, le cardinal Le Camus trouva le prieuré, l'église, la cure et même la vicairie, en très bon état. Il n'en fut pas de même du mobilier de la sacristie.

Le rapport contient un reproche assez vif à l'adresse de Messieurs les chanoines de Belley, chargés de l'entretien du culte. « Le Chapitre de Belley, y lisons-nous, s'acquitte mal des ornements, car il n'y envoie que les restes de son église de Belley qui sont tout frippés. »

En 1696, le 16 novembre, Monseigneur Le Camus se transporta de Grenoble à La Motte « pour voir où en était la mission prêchée par des religieux Capucins, qu'il y avait envoyés ». A partir de cette époque, jusqu'à la Révolution, cette mission se renouvellera de sept ans en sept ans. Elle avait été fondée par un sieur Comte, sur les revenus d'un capital de 500 florins, placés sur l'Hôtel-de-Ville de Chambéry (²).

Nous entrons dans une période moins obscure. Les documents, que nous avons fouillés, sont moins rares et plus

---

(1) Archives départementales.
(2) Procès-verbal de la visite pastorale de 1729. Archives diocésaines de Grenoble.

précis. Nous en profitons pour donner la série des Recteurs qui ont administré la paroisse dès le milieu du XVIIe siècle jusqu'en 1793.

Chanoines-Curés et Vicaires perpétuels
1643-1793

Nos registres paroissiaux les plus anciens ne remontent pas au-delà de 1643. Dans les cinq siècles qui ont précédé, nous n'avons découvert qu'un Guillaume Damaisin, régent en 1414.

En 1643, les actes de catholicité sont signés : Gaspard Castin, chanoine, vicaire perpétuel de La Motte ; mais aucune signature du curé. Peut-être ce dernier avait-il été rappelé à Belley, tout en conservant son titre. Le chanoine suppléant paraît administrer seul la paroisse, près de dix ans. En 1654, nous voyons apparaître R[d] Maurin, vicaire, et le chanoine Castin est devenu curé.

Dès 1656, le vicaire Maurin a cédé la place à André Monichon, qui se signe vicaire perpétuel, et ne fait que passer. Neuf ans durant, R[d] Castin reste seul chargé du ministère paroissial, aidé, sans doute, par ses collègues les chanoines du prieuré.

En 1665, on lui donne enfin un auxiliaire dans le prêtre Aymard Faug, dont il ne jouira que quelques mois. R[d] Castin, après un long et pénible ministère, fut, très probablement, rappelé à Belley, pour y finir sa vie dans un repos bien mérité.

Le Chapitre-chef lui donna, comme successeur, approuvé par l'évêque de Grenoble, le R[d] chanoine d'Apvril, qui exerça les fonctions pastorales durant quarante-sept ans, de 1666 à 1713. Il eut successivement comme vicaires :

R^d Faug dit Girard, jusqu'à 1678 ; Velet, de 1678 à 1693 ; Chiron, de 1693 à 1699 ; Bouvier, de 1699 à 1703 ; Donat, de 1703 à 1706 ; Carron, de 1706 à 1713, et enfin Routin, qui reçut le dernier soupir de son curé (1).

Le chanoine d'Apvril mourut dans sa cure de La Motte, le 22 juillet 1713. Le vicaire Routin, qui l'assista à ses derniers moments, et qui consigna son décès au registre paroissial, fait suivre cet acte de cette appréciation louangeuse : « Il administra pendant plus de quarante-cinq ans la paroisse, à la satisfaction de son peuple qu'il a édifié durant tout ce temps, et surtout à la réception du viatique et des autres sacrements, dont l'Eglise munit ses enfants en ce terrible passage ».

Le chanoine d'Apvril eut pour successeur R^d Béatrix qui fournit un ministère pastoral de dix-huit ans. Ce curé eut successivement comme vicaires : Claude Routin, jusqu'en 1725 ; Tiollier, de 1725 à 1727 ; Bichon, de 1727 à 1729 ; puis Vissot, de Servolex.

Le compte-rendu de la visite épiscopale de 1729 nous apprend que le R^d chanoine avait acquis deux nouvelles cloches ; ce qui en portait le nombre à quatre.

Le curé Béatrix fut rappelé par le Chapitre de Belley, qui lui donna comme successeur un de ses plus jeunes membres, Jean-Pierre Ruet (juin 1731). R^d Ruet était natif de Belley. Bachelier de Sorbonne, il fut nommé, tout jeune encore, chanoine de sa ville natale. Devenu curé de La Motte, il cumula bientôt les fonctions d'archiprêtre cantonal et d'officiel forain.

Il mourut en 1744, âgé de 41 ans, après treize ans d'un

---

(1) Archives paroissiales.

brillant et fructueux ministère. Il fut inhumé dans l'église de La Motte. Ses vicaires furent R^{ds} Vissot, Panisset, Bérard, puis, simultanément, Collombard et Rey.

La nomination de ce second auxiliaire fut motivée par les fonctions, tout aussi onéreuses qu'honorifiques, imposées au chanoine-curé par l'évêque de Grenoble, Jean de Cairol, qui le nomma official pour la partie de son diocèse située en Savoie. Ce second vicaire fut supprimé à la mort de R^d Pierre Ruet.

Nous avons noté ci-dessus l'acquisition, par la paroisse, de deux nouvelles cloches. Les cérémonies de leur bénédiction n'eurent lieu qu'en 1731. Voici la note que le R^d chanoine a insérée dans un de nos registres :

« L'an mil sept cent trente-un, et le second du mois d'octobre, par commission à moi envoyée par Monsieur l'official du décanat de Savoie, datée de ce jourd'hui, et signée Petit, official, j'ai fait la cérémonie de la bénédiction des deux grosses cloches de l'église paroissiale de Saint-Jean de La Motte. A été parrain de la première (pesant environ deux mille) noble et puissant seigneur Pierre Chevillard, baron du Bois, seigneur de La Motte et de Belmont et sénateur au Sénat de Savoie ; et marraine, dame Gabrielle Boccard, son épouse, dont les noms sont ainsi marqués sur la dite première cloche.

« A été parrain de la seconde cloche (qui pèse environ douze à treize cents) spectable Jean Pacoret, avocat au Sénat de Savoie, l'un des nobles syndics de la ville de Chambéry et juge de La Motte ; et, comme marraine, dame Anne George, dont les noms sont aussi marqués sur ladite seconde cloche. »

Nous avons relaté plus haut une mission fondée par le sieur Comte et prêchée de sept ans en sept ans par les

Pères Capucins. R^d Pierre Ruet eut l'heureuse idée de nous laisser, intercalé dans un de nos vieux registres, le rapport détaillé d'une de ces missions prêchée sous son ministère. Nous le transcrivons en entier (aux *Pièces justificatives*, N° 6) pour l'édification de nos paroissiens.

Au commencement de juillet 1744, R^d Belly, originaire de Saint-Paul-sur-Yenne, chanoine de Belley, est nommé curé de La Motte. Il n'exerça ces fonctions que trois ans durant. Les actes de catholicité, rédigés par lui, sont remarquables d'ordre et de netteté. L'écriture est très belle, pour le temps, et la signature dénote du goût et de la distinction. Il eut pour vicaires les sieurs Révil et Bertet.

Son successeur, en novembre 1747, fut le chanoine Perret, qui fournit un long ministère de quarante-trois ans.

Il eut, comme vicaires, R^d Bertet, auxiliaire du chanoine-curé Belly; Arbarêtier, futur curé de Montagnole, puis de Servolex, que nous retrouverons plus tard ; Basin, qui ne fit que passer ; puis, de 1756 à 1762, Vermey, natif de Chambéry, nommé, de La Motte, curé de Saint-Sulpice, et ensuite de Cognin. C'est là qu'il se rencontrera avec la Révolution, et qu'il aura la faiblesse de prêter les deux serments dont nous parlerons bientôt. Il se ressaisit en 1798, présenta à l'autorité ecclésiastique une rétractation suffisante, qu'il renouvela en 1801. Il se retira à Chambéry où il mourut (^{1}).

Vermey eut pour successeurs au vicariat : R^{ds} Pétra, Girod, Gardien, Beget et Pollet Joseph. Ce dernier n'exerça les fonctions de vicaire que trois ans à peine, mais nous le reverrons à La Motte durant les mauvais jours.

Le R^d chanoine-curé Perret nous a laissé, dans les

---

(1) *Mémoires de Mgr Billiet*, p. 380.

archives paroissiales, les notes que voici : « Par commission à moy donnée par Monsieur Petit, official, en date du 9 novembre 1749, j'ai fait aujourd'hui, 1er de décembre, la bénédiction de la seconde cloche de La Motte, pesant environ onze cents. Parrain, noble et puissant seigneur Claude-François-Alexandre Morand de St-Sulpice, baron de Montfort ; marraine, dame Anne-Françoise Chevillard de St-Oyen, son épouse, dont les noms sont ainsi marqués sur ladite cloche. »

Signés :

MORAND DE St-SULPICE,

DE St-OYEN ET DE St-SULPICE.

D'où venait cette cloche ? Dix-huit ans auparavant, l'église en possédait quatre déjà. La deuxième en grosseur s'était-elle cassée ? l'avait-on refondue ? Peut-être.

Le 8 septembre 1763, par nouvelle commission de Mgr de Caulet, évêque et prince de Grenoble, Rd Perret procède de nouveau à la bénédiction d'une petite cloche, destinée, celle-là, à la chapelle de Ronjoux, et du poids de 81 livres. Le parrain fut Etienne Lapalme ; la marraine, Claudine Gallet, veuve du sénateur Sautet. Le 12 du même mois, encore une bénédiction de la troisième cloche de la paroisse, pesant 610 livres. Le parrain fut Simon Perrin, avocat ; la marraine, Anne Charvoct de St-Jeoire, veuve de Claude-George des Pérouses. Il est à croire que nos cloches se fêlaient, chacune à son tour.

En 1783, un gros événement vint mettre en émoi La Motte-Montfort.

Le 23 juillet, en son château de la Montaz, au Trembley (1), mourait l'illustrissime et révérendissime Gaspard-

---

(1) Aujourd'hui propriété de M. le baron de Morand de Confignon.

Auguste-Laurent de St-Agnès, archevêque de Tarentaise, prince de Conflans, âgé de 58 ans et 3 mois. Ce très honoré seigneur fut inhumé dans le chœur de l'église de La Motte, en avant de l'autel, au côté nord.

R^d curé Perret mourut en avril 1790, âgé de 67 ans. L'acte de décès, rédigé par le vicaire Pollet, est ainsi formulé :

« L'an mil sept cent quatre-vingt-dix, le quinze avril, a été inhumé, au bas du maître-autel de cette paroisse, messire François Perret, chanoine de Belley, curé et archiprêtre de La Motte, mort hier à 7 heures du matin, en présence et avec l'édification de son cher peuple qu'il a gouverné avec applaudissement pendant l'espace d'environ quarante-trois ans (il était âgé de soixante-sept ans), et en présence des prêtres soussignés qui en ont admiré le singulier mérite, et conserveront à jamais sa tendre et précieuse mémoire.

Signés :

« Joseph POLLET, vicaire de La Motte ; Philibert VALLIER, des Ordres mineurs ; VEYRET, prêtre ; MONGELAZ, prêtre ; MONGELAZ, curé du Bourget ; CURTET, curé de Bissy ; GABET, curé de Saint-Ombre ; VERDUN, curé de Sonnaz ; ARBARÉTIER, curé de Servolex ; VERMEY, curé de Cognin ; BASIN, sacristain ; DUCREST, curé de Voglans. »

A messire François Perret succéda, en 1790, R^d Sardes de la Forest, le dernier de cette longue liste de chanoines de Belley qui ont administré la paroisse de La Motte durant huit siècles. R^d Sardes était originaire de la Villette (hameau de La Motte) où sa famille possédait une importante propriété et une habitation bourgeoise (¹). Nous le retrouverons pendant et après la Terreur.

Il eut, pour vicaires, Joseph Pollet, jusqu'en mars 1791 ; puis Jean-François Gotteland, dont nous aurons à nous occuper dans la suite.

Quittons un instant, chers lecteurs, la paroisse de La Motte, au moment où elle va s'allier à sa voisine, et prenons le chemin de Servolex. Nous fouillerons les ruines de son antique église, et nous consulterons son vieux presbytère, encore debout.

---

(1) Maison et fermes appartiennent aujourd'hui à M. l'avocat Antoine Richard.

CHAPITRE II

La Paroisse de Servolex

De l'an 1100 à 1793

Il nous est imposible d'assigner une date à l'origine de cette paroisse. Nous savons, par les documents mentionnés plus haut, qu'elle existait, avec ses limites modernes, lorsque le prieuré de La Motte fut fondé. Il en est fait mention vers 1100 dans le Cartulaire de St-Hugues, sous le titre de « *Ecclesia de Cervolegio* ».

Remarquez cette orthographe primitive ; elle peut nous fournir l'étymologie du nom. Il est assez naturel de voir dans « *Cervolegium* » un parc aux cerfs (*cervus*, cerf), parc de grand feudataire burgonde, ou de chef allobroge. Cette orthographe s'est légèrement modifiée jusqu'au XVIIe siècle. Dans le Pouillé de 1375, on lit : « *Curatus de Cervolay* » ; en 1434, c'est *Cervolex* ; en 1497, le Pouillé nous donne « *Ecclesia S^{ti} Stephani de Cervollay* » ; au XVIIe siècle, l'on écrit *Servoles*, puis *Servollex* ; enfin, au XIXe, *Servolex* ([1]).

La communauté (commune) et paroisse de Servolex, dès l'origine, était enserrée de tous côtés par La Motte. Ses limites étaient : au midi, le petit chemin qui part de la route du Bourget et aboutit à Leyaz ; au nord-est, du côté

---

[1] Archives départementales et *Dictionnaire topographique de la Savoie* (VERNIER).

de la plaine, l'embranchement de ce même chemin, puis la ligne de démarcation des marais formés par la Leysse, jusqu'au-dessous de Beauvoir ; de là, entre Beauvoir et Montarlet, la frontière prenait la direction du sud-ouest, face au Lépine, coupait la route du Bourget, montait jusqu'au Noiray, et redescendait par le chemin des Pérouses à la route actuelle.

Cette paroisse était dédiée à St Etienne, premier martyr. Elle dépendait, à la fin du XIe siècle, du prieuré de Saint-Théodore de Lépine (ou de l'Epine, diocèse de Belley), uni lui-même au Chapitre de Saint-Chef (diocèse de Vienne). En vertu de ses droits de suzerain, le prieur de l'Epine y percevait la dîme, et présentait, au nom du Chapitre de Saint-Chef, à l'évêque de Grenoble, le curé de Servolex [1].

Lorsque le patron d'une église, prieur, Chapitre ou seigneur, jouissait de ces droits et servis, il était tenu de fournir au curé un traitement, généralement fort médiocre, que l'on désignait sous le nom de *portion congrue*.

Au commencement du XVIIe siècle, le prieuré de Saint-Théodore céda son droit de dîme au curé qui, vers 1660, le percevait à la cote 18e [2] et en retirait un revenu de 500 florins environ.

Outre ses droits de dîme, le curé de Servolex possédait quelques journaux de terre, un verger et une grange. En 1493, ce bénéfice-cure donnait 40 florins de rente. Il se développa sensiblement jusqu'à la Révolution, par quelques fondations terriennes, mais sans sortir de la médio-

---

[1] *Recherches historiques sur le Décanat de Saint-André.* — TRÉPIER.
[2] Par exemple une gerbe de blé sur 19.

VUE GÉNÉRALE DE SERVOLEX

crité. (Voir, aux *Pièces justificatives*, N° 7, ces propriétés inscrites sous les numéros de l'ancienne mappe.)

L'église occupait une superficie de 30 toises. Elle avait, comme celle de La Motte, son clocher sur sa façade, et des lignes irrégulières sur son côté droit. L'angle nord-ouest du chœur touchait au chemin transversal qui rejoint celui de Beauvoir. Une chapelle de Notre-Dame-des-Grâces, qui flanquait le côté sud-est du chœur, n'était séparée du presbytère que par un étroit passage.

Au sud-ouest de l'église était la cure (1). Le cimetière longeait le chemin et entourait l'église. Au levant, un jardin de 64 toises ; devant la cure, une cour de 9 toises de superficie, au fond de laquelle une petite grange, le tout formant un quadrilatère irrégulier, limité par quatre chemins, encore existants. Ce coin de Servolex s'appelait *Caraballa*.

En 1399, la communauté de Servolex ne comptait que 20 feux. Un siècle et demi après, sa population avait triplé. Elle comprenait 66 feux et 220 habitants. En 1729, elle accusait 234 paroissiens, et 237 en 1781.

Vie paroissiale

Lorsque, vers 1650, le prieur de Saint-Théodore de l'Epine eut cédé au curé de Servolex ses droits sur la dîme, il ne lui restait que le privilège de présentation. En tout ce qui touchait au ministère paroissial, le curé dépendait de l'évêque de Grenoble. Il n'avait, à l'égard de l'administration diocésaine, aucun servis féodal, mais seulement des redevances épiscopales.

---

(1) Maison actuelle des familles Claudius Tochon-Basset et Henri Fluttaz.

Au XIIe siècle, le curé de Servolex donnait annuellement à l'évêque de Grenoble une procuration de 6 deniers. En 1340, elle était de 3 florins.

Les notes qui suivent, chers lecteurs, puisées aux sources indiquées plus haut, ne vous révèleront rien de sensationnel ; j'espère toutefois que ces détails ne vous seront pas fastidieux.

* * *

Le procès-verbal de la visite épiscopale de Jean de Chissé, en 1340, nous montre une église pauvre et nue. Pas de vitraux aux fenêtres, pas même de livres de chant. En 1399, l'auguste visiteur constate, dans les meubles et immeubles, une amélioration considérable. Tout est en bon état, hormis la fenêtre du chœur, qui est sans vitre.

Dans sa visite de 1458, l'évêque, Mgr Siboud Allemand, découvre un trésor dans le mobilier de la sacristie. C'est une cassette en ivoire contenant des reliques insignes. Sa satisfaction fut vite modérée par la visite de l'église. Le chœur tombait en ruines ; le clocher n'était guère plus vaillant, et l'édifice entier périssait de vétusté. Impossible de pourvoir à tous ces besoins ; les ressources du prieuré de l'Epine sont insuffisantes. L'évêque enjoint à ce dernier de soutenir, au plus tôt, le chœur par des contreforts. Il ne fut pris, au sujet du clocher, aucune décision ferme.

Dans ce même procès-verbal, il est fait mention déjà de la chapelle de Notre-Dame-des-Grâces, construite sur le côté droit du chœur et débordant sur le jardin de la cure. Cette chapelle, objet de la vénération des fidèles, était fondée. Un revenu de 25 florins y assurait la célébration d'une messe chaque mois. Nous verrons les chapelles se multiplier plus tard, à l'intérieur de l'église. L'une fut dédiée à

St Pierre, St François-Xavier et St Clair. Une autre fut fondée, vers 1730, par la famille Perrier, sous les vocables de St François de Sales, de St Antoine de Padoue et de St Gras.

L'église de Servolex avait des dimensions assez grandes pour contenir toute la population. Aussi, ne découvrons-nous, sur son territoire, jusqu'en 1650, aucune chapelle privée ou publique. Mais, au XVIIe siècle, il était de bon ton, chez les familles nobles ou riches, d'avoir près de leur maison un oratoire. Le 25 novembre 1673, honorable dame Meynier, veuve du sieur Vissot, fonda, dans son habitation de Servolex, une de ces chapelles domestiques (1).

Curés de Servolex
Quelques faits relatifs à leur ministère

Les premiers curés de Servolex nous sont inconnus. Nous découvrons en 1356 un Guillaume Descheneaux (de Canalibus), mais aucune notice sur sa vie pastorale (2).

En 1415 apparaît Rd Jean Ailloud, qui administra la paroisse jusqu'en 1418. Un fait nous le montre comme redresseur de torts. Le sieur Jean Choudi, de La Motte, avait construit un four de ses deniers. Ce four portait-il ombrage à celui du seigneur de La Motte ? Peut-être. Le fait est que, par ordre supérieur, on apposa sur ce four le sceau du Comte de Savoie. Rd Jean Ailloud, qui avait, sans doute, reçu les plaintes du sieur Choudi, vit, dans ce geste de seigneur, un abus de pouvoir, et le 10 février, de sa

---

(1) Château appartenant aujourd'hui à M. Barral.
(2) *Recherches sur le Décanat de Savoie*. — Chanoine Trépier.

propre autorité, il brisa les scellés du Comte. Mal lui en prit. Il fut condamné pour ce fait, après composition, à une amende de six sols forts par l'Officialité diocésaine.

Nous connaissons les noms de deux de ses successeurs immédiats : Eugène des Saules ou de Saulce, *Eugenius de Salicibus*, et Michel du Nant ; puis une lacune de presque deux siècles. En 1600, le curé de Servolex est R^d Camet. Il y exerce les fonctions pastorales durant neuf ans, et devient chanoine de la Sainte-Chapelle de Chambéry.

De 1630 à 1634, la paroisse eut un curé fort distingué, Jean-Claude Vissot, de la famille Vissot de Servolex. Il cumula, pendant trois ans, les fonctions d'official diocésain et le ministère paroissial. Comme juge des causes ecclésiastiques, il eut un jour à sévir contre messire Jean, chapelain de La Motte, précédemment vicaire d'Arbin. Il condamna le susdit chapelain à 4 florins d'amende, pour avoir baptisé un enfant entre les mains d'un excommunié, et pour avoir mangé (par inadvertance sans doute) de la viande la vigile de St Mathieu.

L'an 1634 nous met en relation avec R^d Claude Perrier. Comme messire Vissot, R^d Perrier appartenait à une famille bourgeoise, propriétaire à Servolex. Ces deux familles se disputaient la prééminence de la fortune dans cette paroisse, si bien qu'à la fin du xviiie siècle, elles possédaient la plus grande partie de la commune (1).

Chose assez curieuse, sous l'administration de R^d Perrier, son frère soutint, en 1635, un long procès contre la Confrérie du Saint-Sacrement de Servolex, dont le curé

---

(1) La famille Perrier-Roche a construit, parcelle par parcelle, la propriété de feu le comte Marin.

était le tuteur. Il s'agissait du testament d'un confrère, le sieur Curial, décédé sans enfant, par lequel testament ce dernier cédait ses biens à la Confrérie. Quels droits le sieur Perrier avait-il sur ces biens ? Nous ne savons. Le tribunal les reconnut, et la Confrérie perdit son procès.

R^d Claude Perrier mourut le 10 décembre 1661, après vingt-sept ans de ministère. Son acte de décès, rédigé par son neveu, est d'une singulière brièveté : « Le 12 décembre a été enseépulturé R^d messire Claude Perrier, prêtre et curé du dit lieu de Servolex. ».

Ce neveu lui avait été adjoint comme auxiliaire, et, sans doute, avec droit de succession, car l'acte suivant est déjà signé : Perrier, curé.

R^d Claude Perrier, neveu, exerça durant cinquante-sept ans les fonctions pastorales. Il mourut le 5 décembre 1718. Voici l'acte de son décès, tout aussi bref que celui de l'oncle : « Le 7 décembre 1718 a été inhumé R^d messire Claude Perrier, curé de la paroisse de Servolex, âgé de quatre-vingt-trois ans et demi. » — *Signé :* VAUTIER, curé de Bissy, archiprêtre.

Pendant un mois environ, le service paroissial est assuré par Claude Routin, vicaire de La Motte. En janvier 1719, un successeur est donné à R^d Perrier, en la personne de messire Louis Tournier, de Chambéry.

R^d Tournier administre la paroisse durant treize ans (de 1719 à 1732) avec un zèle admirable. Il mourut dans sa cure de Servolex, et fut inhumé dans le chœur de l'église, au tombeau réservé aux prêtres.

Le 6 août 1729, à l'occasion de sa visite pastorale, l'évêque de Grenoble, Mgr de Cairol, bénit la chapelle du sieur Vissot. Etait présent R^d Vissot, prêtre d'honneur de la Sainte-Chapelle, ancien curé du lieu.

Dans le procès-verbal, il est stipulé que, si les sieurs Vissot désirent acquérir le droit de sépulture dans le tombeau réservé au chœur de l'église, ils subviendront pour 40 livres aux réparations de ladite église, et feront construire un banc. C'était la solution d'un conflit qui s'était élevé entre le curé de Servolex et cette puissante famille. Le 17 mars de l'année précédente, celle-ci avait obtenu un décret du Sénat, l'autorisant à inhumer, dans ce tombeau, honorable Simon Vissot. L'inhumation s'y fit, malgré les protestations du curé.

La riche famille voisine ne fut point inférieure en pieuses générosités. Déjà, en 1721, sieur Perrier avait offert à l'église de Servolex un magnifique reliquaire doré. En 1724, il avait réparé, à ses frais, les fenêtres du chœur. En 1731, il fonda, dans l'église paroissiale, une chapelle dédiée à St François de Sales, à St Antoine de Padoue et à St Gras. Les revenus en étaient de 25 livres, et les charges de 30 messes annuelles (1).

* * *

R^d Jean-Pierre-Ignace De Dieu succéda, en 1732, à messire Louis Tournier. Ce prêtre a consigné lui-même, dans les registres paroissiaux, sa prise de possession : « Je, soussigné, curé de la paroisse de Servolex, en ai pris possession le 25 février, jour de St Mathias, en 1732, en présence de sieur Louis Giraud, promoteur ; de sieur Ruet, curé de La Motte ; du sieur Perrier, marchand et bourgeois ; du sieur Dolin, notaire et procureur ; du sieur Bonjean et du sieur Claret, notaire et châtelain de La Motte. Le Chapitre de Saint-Chef nomme à cette cure ». Nous

---

(1) Archives paroissiales.

constatons, par cette dernière note, que le droit de présentation du curé avait passé, du prieuré de Saint-Théodore de l'Epine, au prieur de Saint-Chef.

R^d De Dieu a noté, dans un registre paroissial, un éloge enthousiaste et éloquent de son vénéré prédécesseur. Cette oraison funèbre, en bon latin, est assez curieuse pour être citée (Voir *Pièces justificatives*, N° 8). Il le loue comme la perle des prêtres, recommandable par toutes les vertus, piété, charité, science, douceur, prudence, miséricorde, et par son éloquence mise au service d'un zèle infatigable.

* * *

Le panégyriste de messire Tournier, Jean-Pierre-Ignace De Dieu, gouverna avec succès la paroisse de Servolex pendant onze ans (1732-1743). C'était, sans jeu de mots, un homme de Dieu ; mais il n'abandonnait pas pour cela, aux empiètements des voisins, ses droits de curé. Voici un acte qui les précise nettement au point de vue de la juridiction territoriale :

« Le 15 janvier 1734, je, soussigné curé, certifie avoir été sur les confins de ma paroisse, du côté des Cuidiaux, sur le chemin de Montarlet, et là, avoir fait la lévation (levée de corps) de la femme de Capitan ; et ayant conduit le dit cadavre en habit de cérémonie, précédé de ma croix, j'ai dit l'absoute devant la croix située au pré de la Vachère, vis-à-vis la croisée du chemin tendant à mon église. Et ensuite après l'avoir conduit jusques à l'autre confin, du côté de l'église de La Motte, vers le sentier qui conduit, depuis la croix située au bas de la côte de La Motte, jusques à Servolex, j'ai aspergé d'eau bénite le dit cadavre, et l'ai laissé entre les mains de R^d Bérard, prêtre du diocèse de Maurienne, vicaire en second pour Monsieur le curé de La Motte. Et ce, en présence d'Etienne Grivaz, mon clerc, de Jean Tonniet, de Jean-Louis Clerc, de La Motte, de Jean Romanet et plusieurs autres qui portaient le cadavre, de même que de plusieurs confrères ; tant pour empêcher une prescription, que pour m'opposer aux abus d'un passage contre tout droit et raison, comme avait fait le sieur R^d Perrier, mon prédécesseur, à l'enterrement de Monsieur Favre, au vu et au su de toute ma paroisse. »

Le 20 décembre 1737, il a soin de consigner dans le Registre une opération semblable, à l'occasion de la sépulture de Zachée Richard, de Montarlet.

Le 1er décembre 1738, autre pareil fait se présente, au sujet de l'inhumation de noble Melchior Favre, décédé au Trembley. La situation s'est aggravée. Par plusieurs fois, le curé et les vicaires de La Motte ont traversé, avec des convois funèbres, la paroisse de Servolex. C'était contraire au droit. Le curé de la paroisse, ou ses délégués, ont seuls juridiction sur le territoire paroissial. R^d De Dieu le sait fort bien ; et le titre d'official diocésain de messire Ruet, de La Motte, ne l'intimidera point dans l'exigence de ses attributs. Il gagna sa cause.

Il restait donc au curé et aux vicaires de La Motte, s'ils avaient la prétention, assez légitime, d'accompagner leurs défunts du Trembley à leur église, la faculté de contourner la paroisse de Servolex vers l'ouest, c'est-à-dire de monter jusqu'au Noiray, et de redescendre, par les Pérouses, vers le Bourg. Il fallait en agir de même pour l'administration des sacrements aux malades du Trembley.

R^d De Dieu vivait avec sa mère. Cette honorable dame, née à Perpignan, en 1666, mourut à la cure de Servolex. Voici l'acte de décès rédigé par le curé, son fils. On y respire l'amour filial mêlé à une légitime fierté :

« Le 12 août 1737, est décédée demoiselle Elisabeth-Marie-Françoise, fille de Jean-Baptiste Estacre, capitaine du régiment de Furstenberg, veuve d'honorable Jean De Dieu, ma mère, et le lendemain a été enterrée dans l'église de cette paroisse, proche le baptistère, âgée de 60 ans 10 mois et 10 jours, après avoir reçu les sacrements de l'Eglise avec beaucoup de piété, et souffert une longue et aiguë maladie, avec toute la patience possible. » — De Dieu.

R^d Jean-Pierre-Ignace De Dieu mourut le 29 mai 1743, à l'hôpital de Chambéry, et fut inhumé le lendemain, dans l'église de Saint-Léger.

* *

R^d Antoine Favre, prêtre du diocèse de Tarentaise, fut nommé curé de Servolex, le 21 juin de cette même année 1743, par « le noble Chapitre de Saint-Chef, et le 10 juillet, par institution du révérendissime et illustrissime Jean de Caulet, évêque et prince de Grenoble, et, le 17, par provision du Sénat. »

Ce prêtre n'occupa la cure de Servolex que cinq ans et demi. Son vieux père qu'il avait amené avec lui, de sa paroisse de Montagny en Tarentaise, n'avait pas joui longtemps de cette paisible retraite. Il était mort en 1745. Cette perte rendit-elle pénible au curé son séjour dans cette paroisse ? Peut-être. En 1748, il céda ses fonctions curiales à messire Noë Auger.

Le curé Favre nous a laissé l'attestation d'un don appréciable fait par le sieur Christophe Perrier à l'église de Servolex. Voici cette note : « Je soussigné, curé de Servolex, atteste et annote que le 24 juin, jour de la Pentecôte, Monsieur Christophe Perrier, bourgeois de Chambéry, a donné, par présent, à l'autel de l'église de Saint-Etienne de Servolex, deux bustes dorés, dans l'un desquels il y a des reliques des ossements des Sts Victor et Vincent, martyrs, et dans l'autre celles des Sts Candide et Concorde, aussi martyrs ; lesquelles reliques ont été tirées du cimetière de Saint-Calixte à Rome, vues, approuvées et données à Monsieur le capitaine Jean Vuillermoz, qui en a ensuite fait présent au dit sieur Perrier, le 22 septembre 1732, comme on peut voir le tout dans la patente de parchemin incluse dans une boëte de fer blanc, pendue à un clou, au dernier d'un des dits bustes. » — *Signé :* A. FAVRE.

Que sont devenus ces deux bustes en bois doré, ainsi que les reliques ?

* * *

R^d Noë Auger, nommé curé de Servolex en 1748, n'a pas jugé utile de nous laisser le procès-verbal de son installation. Il dirigea cette paroisse pendant douze ans, et mourut dans sa cure, le 24 mai 1760. Voici son acte de décès inscrit au Registre par le sieur Bichon, curé de Saint-Ombre : « L'an mil sept cent et soixante, et le vingt-quatre de mai, a été inhumé dans le chœur de cette église, R^d messire Noë Auger, natif de Belley, curé de Servolex, archiprêtre du canton (1), mort hier, âgé de 81 ans.

Signés :

BICHON, curé de St-Ombre.   PULVIN, curé du Bourget.
BERTET, prieur de Bissy.   DUCRET, curé de Voglans.
VERMEY, vicaire de La Motte.   VERDUN, curé de Sonnaz.
PERRET, chanoine, curé de La Motte.

---

(1) Le titre et les fonctions d'Archiprêtre furent attribués tantôt au curé du Bourget, tantôt au curé de La Motte, et même au curé de Bissy et de Servolex.

LIVRE I. — DU XIᵉ SIÈCLE A LA RÉVOLUTION

* *
*

« Le 27 mai 1760, messire Jacques Girin, prêtre, natif de Grenoble, a été nommé à la cure de Servolex par le noble Chapitre de Saint-Chef, par acte relevé, Grumel, notaire dudit Saint-Chef, de laquelle il a pris possession le 21 de juin suivant, en suite du visa de Monseigneur l'évêque de Grenoble et des provisions du Sénat, du 21 juin de la dite année ; assisté de Rᵈ messire François Perret, curé de La Motte, et du sieur Bellemin, notaire et secrétaire de la dite paroisse, en présence de Monsieur Vermey, vicaire de La Motte, et Christophe Borbon, Buirat et de plusieurs autres témoins de la dite paroisse. » — *Signé :* Girin, curé de Servolex.

Tel est le procès-verbal de l'installation du nouveau pasteur.

A la mort de Rᵈ Noë Auger, les immeubles du culte tombaient de vétusté. Messire Girin s'empressa d'en aviser la municipalité. Le syndic, Philibert Choirat, réunit son Conseil, aux membres de Joseph Gerbat dit Jeanton, Christophe Choirat dit Borbon et Bellemin, secrétaire, notaire royal et collégié. La délibération porte sur les réparations urgentes à faire aux toits de l'église et du clocher. Les ressources de la petite communauté sont si minimes qu'il lui faudra deux ans pour mener à terme cette réfection de toiture, par l'entreprise de Claude Jacquier, maître charpentier, de Chambéry.

L'église n'était point seule ruinée par les siècles : la cure et sa grange ne tenaient plus debout. En 1765, messire Girin prie le syndic Joseph Jeanton et ses conseillers Christophe Choirat et Claude Domenget de vouloir bien mettre en état le presbytère. L'affaire ne marcha pas à souhait. Le Conseil se montra récalcitrant ; et, après avoir accusé R^d Girin et ses prédécesseurs de manquer à l'honnête entretien de l'immeuble, il en appela à l'intendant général. C'était, en termes parlementaires, un enterrement de première classe.

Les temps étaient durs ; la communauté, non plus que les administrés, n'avait de ressources.

Le curé Girin nous a laissé quelques notes sur les calamités de son temps. Ame sensible et charitable, il s'affligeait, à juste titre, des fléaux qui frappaient ses ouailles. En laissant ces souvenirs à la postérité, avait-il l'intention de guérir les générations futures de cette maladie que l'on appelle *le regret du temps passé*, ou bien encore, d'encourager les futurs paroissiens de Servolex à supporter vaillamment les misères de la vie, qui assaillent, dès l'origine, la pauvre humanité ?

Voici ce qu'il nous dit des récoltes des ans 1761 et 1762 :

« Le 1er septembre 1761, il est tombé, dans cette paroisse et dans les voisines, une grêle si terrible qu'elle n'a rien laissé (que Dieu nous préserve d'un semblable malheur !) jusques à tuer les oiseaux des champs et à renverser les arbres. Ce qu'il y a de plus, les arbres et les vignes ont fleuri en automne. »

Et un peu plus loin :

« L'année 1762, il y a eu, en ce pays, une si grande sécheresse qu'il n'y a point eu de légumes, peu de blé de Pâques et peu de fourrage. »

Ces deux années furent suivies d'autres tout aussi calamiteuses.

« L'hiver de 1765, continue notre narrateur, a été si rigoureux que, depuis les fêtes de Noël jusques au 14 du mois de février 1766, le froid, bien loin de diminuer, n'a fait qu'augmenter. Les étangs, les rivières, les lacs ont gelé, et la saison a été si rude, que Mgr de Caulet, évêque de Grenoble, a accordé à ses diocésains la permission de manger gras le Carême, depuis le premier dimanche, jusques au dimanche des Rameaux, à l'exception des mercredis, vendredis et samedis (1). La cherté des poissons, la disette des légumes a donné lieu à cette permission. La terre était gelée à trois pieds de profondeur. »

L'été ne fut pas plus clément. « Les orages du mois de juin et de juillet ont ruiné les moissons et les vendanges. »

Voici ce que R^d Girin nous apprend sur l'année 1766 :

« Cette année 1766, les pluies de la St-Jean et la sécheresse des mois de juillet, août et septembre ont été cause qu'il y a eu peu de seigle jusques à perdre les semences en beaucoup d'endroits, peu de froment et d'autres denrées. Il y a aussi eu peu de vin, attendu que la plupart des vignes avaient gelé pendant l'hiver précédent ». Et il ajoute : « L'année 1766, il y a eu beaucoup de neige, avec un froid qui a duré depuis le jour de la St-Clair jusqu'à la fin de février. »

Messire Jacques Girin n'a pas de choses plus consolantes à nous dire sur 1767 :

« Cette année 1767, il y a eu beaucoup de neige qui a duré jusqu'à la fin de février, laquelle est tombée le 2 janvier, ce qui a causé un très grand et long hiver. »

Il nous l'avait déjà dit, mais il continue :

« Le 18 et le 19 avril de cette année, il a fait une bise si forte, accompagnée de neige, qu'elle a cassé les brots

---

(1) A cette date, et longtemps après, l'on faisait maigre tous les jours du Carême.

des vignes, gâté les noyers, tellement que le Dauphiné a été abîmé, de même que les vignes de Montmélian et autres lieux. Et le vingtième dudit mois, le temps s'étant éclairci, il a gelé presque aussi violemment qu'en hiver, ce qui a causé beaucoup de dommages de toutes sortes. »

Ce fut la dernière année du ministère de messire Girin, à Servolex. Il ne mourut point dans cette paroisse ; nous aurions, dans le cas, découvert son acte de décès. Il est probable qu'il fut appelé à un poste plus important.

* * *

A R^d Girin succéda, en novembre 1767, sieur Arbarêtier. Ce prêtre avait été, quelques années durant, vicaire de La Motte. En 1755, il fut nommé curé de Montagnole. Il partit, de là, pour Servolex. Son ministère se prolongera jusqu'au 9 mai 1793, en pleine Révolution. Nous le retrouverons à La Motte, aux mauvais jours.

Lorsque messire Arbarêtier prit possession de ce poste, le presbytère était dans un tel état de délabrement que le curé dut loger dans une maison voisine. Cet état de choses ne pouvait se prolonger.

Le 28 février 1768, le syndic Claude Domenget dit Châtelain, ses deux conseillers, Claude Domenget dit l'Homme et Claude Chappot, maître-charpentier, ainsi que le notaire Bellemin, secrétaire de la paroisse, délibèrent sur les travaux à faire à l'église et à la cure. Après la visite des immeubles, les réparations leur apparaissent si considérables que la communauté ne peut en assumer les charges, à moins qu'on ne lui accorde, pour le paiement, une longue échéance.

L'heureuse intervention de messire Antoine Arbarêtier délivre le Conseil de ses angoissantes préoccupations. Il fera lui même, à ses frais, les réparations urgentes, mais aux conditions suivantes : 1° Le Conseil lui fera délivrer, dans le terme de quatre ans, la somme de 400 livres, soit 100 livres par an ; 2° on lui débitera, en planches, le gros tilleul du cimetière ; 3° la paroisse lui fournira les charrois et les matériaux de toutes espèces. Ces conditions, très avantageuses, furent acceptées avec reconnaissance par ledit Conseil.

Le ministère de R^d Arbarêtier n'offre rien de saillant. Après ces améliorations matérielles, apportées à l'église et à la cure, appliqua-t-il toute son âme ardente et, au fond, généreuse, à l'édification spirituelle des âmes? La dernière partie de sa vie nous en ferait douter.

Il eut toutefois l'heureuse et charitable pensée de fonder un service annuel pour le repos de l'âme des curés passés et futurs de la paroisse de Servolex. Il avait obtenu, pour cette œuvre, l'autorisation et la vive approbation de Mgr Conseil, premier évêque de Chambéry [1].

Le 14 janvier 1784, il célébra solennellement le premier service, en présence d'un certain nombre de prêtres, qu'il a soin de nommer, et de nombreux fidèles. Etaient présents : Champrond, curé de Vimines ; A. Gentil, curé de Saint-Thibaud-de-Couz : les chapelains royaux J. Jacquier, A. Bovagnet, A. Thomé ; de Trouillet, bénéficiaire ; Beget, vicaire de La Motte ; Bellemin, clerc tonsuré, et Bellemin, notaire.

R^d Arbarêtier prévit-il l'orage révolutionnaire qui devait tout emporter? Peut-être. Il révoqua, quelques années après, cet acte de fondation. Le capital, nous dit-il dans une note, fut affecté à une autre œuvre pieuse.

---

[1] L'évêché de Chambéry fut fondé en 1777.

CHAPITRE III

Etat social des Communautés de La Motte-Montfort et Servolex
avant 1789

Dans ce coin de Savoie nous trouvons, en raccourci, les éléments divers de la société française, avec leurs défauts et leurs qualités nettement accusés : seigneurs nantis des droits féodaux, bourgeois attirés par les grâces du pays et la proximité de la ville, tous grands propriétaires ou rêvant de le devenir ; puis le peuple, censier ou possesseur de quelques lopins de terre, grevé de charges disproportionnées à ses forces (1).

Nous l'avons dit déjà, pendant que le seigneur protégeait le paysan, et défendait le territoire contre les ennemis de la patrie, il avait droit strict aux privilèges que comportait sa mission. Mais voici que le pouvoir du prince ou du roi suffit à la garde des frontières et à l'ordre intérieur. Dès lors la fonction de protecteur n'existe plus, pour le premier. Les faveurs et privilèges seuls subsistent, et sans compensation. Le seigneur est resté puissant et riche. Aux revenus directs de ses domaines, s'ajoutent les servis, droits féodaux, et la dîme ; et ces seigneurs sont nombreux, et il ne reste pas au peuple la part qui lui est dûe.

Ajoutez, à ces bénéfices, les droits honorifiques. A l'église, le seigneur a son banc réservé et le droit de sépul-

---

(1) Nous avons consulté, sur ce sujet, l'ouvrage si documenté de TAINE : *L'Ancien Régime*.

ture dans le chœur. Les murs de sa chapelle portent ses armoiries ; on lui donne l'encens et l'eau bénite, par distinction. Fondateur ou héritier d'un fondateur d'une chapelle ou de l'église, il en est le patron. Il choisit le bénéficier ou le curé, et prétend le diriger à sa guise, même dans les choses spirituelles.

Lorsqu'il possède un titre seigneurial, il a le droit de justice, basse, moyenne ou haute, dans toute l'étendue de sa seigneurie. Et, dès lors, il nomme lui-même châtelain, procureur, notaire, gens de loi et de police.

A ces droits honorifiques s'en ajoutent d'autres très utiles. Le seigneur hérite des biens du condamné à mort, s'il a haute justice, de l'hoirie des enfants illégitimes, morts sans parents reconnus, même du fils légitime décédé au manoir sans héritiers apparents. Les biens abandonnés, le tiers ou la moitié des trésors trouvés, lui reviennent de droit. Il prélève un sixième, souvent un cinquième, sur le prix des ventes et des baux de neuf ans et au-dessus.

Le seigneur a d'autres droits encore, onéreux en principe, mais dont les revenus sont supérieurs aux charges. Il perçoit une redevance sur les ponts, les bacs, les bateaux, les chemins, à condition de les entretenir, sur les marchandises apportées aux foires, aux marchés. Il a le monopole du four, du pressoir, du moulin, de la boucherie.

Dans toute l'étendue de la seigneurie, le domaine public est son domaine privé. Les arbres du chemin lui appartiennent. Il fait payer aux paysans la permission de paître leur bétail dans les champs, après la récolte, et dans les terrains vagues et abandonnés. Il a le droit de chasse sur tout le territoire du district, et de la chasse à courre. Il a le monopole du grand colombier « d'où ses pigeons, par

5.

milliers, vont pâturer en tous temps et sur toutes les terres, sans que personne puisse les tuer ni les prendre. » — TAINE.

Il n'en était pas tout à fait ainsi de la noblesse d'Eglise ; il faut avouer cependant que la justice distributive n'y régnait pas en maîtresse : « De même qu'il fallait être noble pour devenir officier d'armes, nous dit M. de Ségur (1), de même tous les biens ecclésiastiques, à quelques rares exceptions près, depuis le modeste prieuré jusqu'aux plus riches abbayes, étaient réservés à la noblesse ». Les curés et régents, qui exerçaient le ministère pastoral, étaient réduits à la portion congrue, souvent à la misère.

**
* *

Malgré tout, et grâce aux mérites acquis, aux services rendus dans le passé, les nobles eussent pu conserver la plupart de leurs privilèges, s'ils n'avaient travaillé eux-mêmes à les perdre.

Ils n'étaient plus chefs militaires, puisque le pouvoir central les avait déchargés de cette fonction ; mais ils pouvaient être chefs civils et conducteurs du peuple, administrateurs et juges du canton, tuteurs des pauvres, grands promoteurs de progrès, députés à titre gratuit.

S'ils s'assujettissaient à ces nobles et utiles fonctions, le peuple ne récriminerait pas contre les faveurs dont ils jouissent. Mais, pour cela, il faut résider dans ses terres, se mêler au peuple, lui être utile, prendre part à ses joies, à ses peines. Or, dès la fin du XVIIe siècle, le seigneur s'est

---

(1) *Mémoires de M. de Ségur.*

séparé du paysan, l'union des deux classes a disparu, et avec elle l'affection.

La grande noblesse a fui vers la capitale, à la cour, à l'armée. La noblesse menue demeure encore sur son domaine. Elle est en général bonne et compatissante aux pauvres ; mais, bientôt ruinée par son inactivité, elle ne peut satisfaire à ses charitables désirs. Si, du moins, elle exerçait les offices publics, son influence se maintiendrait. Mais non : le gouvernement royal a donné à chaque district un intendant, et cet intendant fait fonctionner les officiers municipaux.

La noblesse ecclésiastique a mieux conservé son contact avec le peuple, et par là, son influence, de par son ministère des âmes et l'exercice de la charité et de l'aumône, dont elle s'acquitte avec largesse. Mais elle est trop liée à la précédente, par les mêmes privilèges, pour que les paysans simplistes les distinguent, l'une de l'autre, dans leur sournois mécontentement.

Voilà donc la noblesse en face du peuple qui ne voit plus, en elle, qu'une créancière exigeante. Les sympathies se refroidissent, l'envie se fait jour, la haine gronde. Survienne une occasion, la réaction passera en rafale sur les châteaux et les abbayes.

Telle fut une des causes de la Révolution française ; motif exploité, monstrueusement exagéré par la philosophie athée ou rêveuse de Voltaire et de Rousseau.

** *

Quelle était la condition du paysan avant 1789 ?

La Bruyère écrivait en 1689 : « L'on voit certains animaux farouches, mâles et femelles, répandus par la campagne, noirs, livides et tout brûlés du soleil, attachés à la terre qu'ils fouillent et remuent avec une opiniâtreté invincible. Quand ils se lèvent sur leurs pieds, ils ont une face humaine ; et, en effet, ils sont des hommes. Ils se retirent, la nuit, dans des tanières où ils vivent de pain noir, d'eau et de racines. Ils épargnent aux autres hommes la peine de semer, de labourer et de récolter, et méritent ainsi de ne pas manquer de ce pain qu'ils ont semé » (1).

Ce peintre de caractères a-t-il exagéré ? Voici ce qu'écrivait Massillon, évêque de Clermond-Ferrand, en 1729 (2) : « Le peuple de nos campagnes vit dans une misère affreuse, sans lit, sans meuble ; la plupart même, la moitié de l'année, manque du pain d'orge et d'avoine qui fait leur unique nourriture. »

Telle était la situation des paysans de France. Etait-elle aussi lamentable en Savoie et dans nos deux communautés ? Nous ne croyons pas. La France avait été épuisée, d'abord par des guerres incessantes, mais aussi par un gaspillage éhonté des finances, et la folle prodigalité de la Cour de Versailles qui entretenait, sur le travail du peuple, une foule énorme de fastueux oisifs.

Faut-il toutefois prendre à la lettre ce jugement d'Olivier de la Marche, auteur du XVe siècle, et supposer que ce prétendu bien-être ait duré jusqu'à la fin du XVIIIe siècle ? « Le prince Amédée VIII, nous dit-il, publia des lois si sages, que la Savoie, sous son règne, fut le pays le plus riche, le plus sûr et le plus plantureux de son voisinage ». Il faut en rabattre. Mais admettons la fécondité du sol, la grande variété des produits, et l'ardeur au travail du paysan

---

(1) La Bruyère, II, 97. Addition de la 4me édition.
(2) Lettre au Cardinal Fleury.

savoyard. Il ne faut pas oublier que tous les revenus du sol et du labeur étaient sept à huit fois décimés, soit par les impositions fiscales, soit par les servis, corvées et autres redevances seigneuriales, qui pesaient uniquement sur le peuple. La bonté proverbiale de nos Ducs et Princes était impuissante à remédier, sans secousse violente, à cet état de choses.

Nous pouvons donc conclure, sans crainte de nous tromper, que nos ancêtres paysans, petits propriétaires ou censiers, avaient juste de quoi vivre pauvrement, lorsque les saisons étaient favorables, et qu'ils souffraient la misère, lorsque les intempéries de l'air nuisaient à leurs récoltes. Ils vivaient au jour le jour, à la merci des événements, dans l'incapacité d'assurer l'avenir.

* * *

La bourgeoisie ou Tiers-Etat va bénéficier de l'aberration de la noblesse de cour et de l'abaissement de la noblesse de province ; elle exploitera aussi, pour arriver, la misère du peuple.

Le bourgeois, à l'encontre du seigneur, a travaillé ; il a fait du commerce, il a épargné. Ses sols et florins, il ne les a pas dissipés en vaines parades, en fêtes somptueuses. Ses richesses patiemment accumulées, il les place sur les domaines seigneuriaux, mis à l'encan par la prodigalité ou le besoin des propriétaires. Et, par là, il monte l'échelle sociale, il franchit la distance, il coudoie le grand seigneur.

Dans ce mélange des deux classes, il ne reste à la noblesse que la supériorité du bon ton. La supériorité du savoir, de l'autorité morale, du travail, est acquise à la bourgeoisie. Trop souvent blessée dans son légitime amour-propre, par l'arrogance des grands, fière de ses mérites actuels, celle-ci aspire naturellement à occuper les plus hautes places, réservées jusqu'ici à la noblesse. Mais encore faudra-t-il les enlever d'assaut ; et voilà pourquoi le Tiers-Etat deviendra révolutionnaire.

Les impôts (¹)

Jusqu'en 1559, l'impôt est extraordinaire, c'est-à-dire voté par les Trois Etats, pour un temps limité et pour une cause déterminée : guerre à soutenir, réforme à introduire ; et il est proportionné aux ressources d'un chacun. Les percepteurs sont tantôt les délégués du Prince, tantôt les châtelains, tantôt les syndics.

En 1560, Emmanuel-Philibert convoqua, à Chambéry, les représentants de la noblesse, du clergé et de la bourgeoisie, pour relever les finances de l'Etat. Cette assemblée vota un nouvel impôt, tout en maintenant l'ancien. Ce fut une gabelle sur le sel, c'est-à-dire le monopole de la vente du sel par l'Etat, avec obligation pour chaque famille de se fournir au grenier public, proportionnellement au nombre de ses membres et de ses têtes de bétail. Le contrôle était sévère, et les délinquants poursuivis. Cet impôt, très mal assis, produisit si peu que le Duc le changea en une contribution directe, qui fut une sorte de capitation, soit une contribution de 15 sols par tête et par an, et payable par trimestre. Comme elle grevait surtout les nombreuses familles, elle ne vécut que quatre ans.

---

(1) *Les Communes et les Institutions de l'Ancienne Savoie*, par M. Gabriel PÉROUSE, archiviste départemental.

Par un édit de 1564, le Duc de Savoie créa un impôt plus équitable, reposant, non sur la tête, mais sur les ressources d'un chacun. Ce fut la taille. Cet impôt fut réparti par commune, proportionnellement au nombre des habitants. Les syndics avaient charge de le faire rentrer au Trésor.

En 1570, la gabelle sur le sel fut rétablie, mais sans préjudice pour la taille qui fut maintenue. Cette dernière, plus juste, eut la vie longue. Elle subit, dans la suite, quelques modifications, dont le résultat le plus net fut de doubler la cote du contribuable.

Dans son édit qui créa la taille, le Duc Emmanuel-Philibert ne l'imposa qu'au Tiers-Etat. Les biens d'Eglise en furent exempts, tout d'abord. En 1584, il fut décidé que cette exemption serait limitée au patrimoine ecclésiastique acquis à ce jour. Les dotations futures seront soumises à l'impôt. Enfin, dès 1783, les établissements religieux durent payer les deux tiers de cette contribution.

Les nobles en furent personnellement exempts. Leur titre, dûment contrôlé, les faisait bénéficier du privilège. Bien des usurpateurs de noblesse abusèrent de leur influence locale pour extorquer, des syndics, cette exemption. C'était, en effet, le syndic, délégué à cette fin par la commune, qui faisait office de percepteur, et qui était responsable de la rentrée des impôts. Il fut remplacé, en 1699, par un receveur des tailles, nommé, chaque année, par les syndics communaux.

Dès 1738, la perception de la taille et des deniers royaux fut mise en adjudication, avec un pourcentage comme salaire.

Cet impôt, qui devait se substituer aux autres, en laissa subsister quelques anciens, et en vit surgir de nouveaux, tels : le décime, sorte de dîme exigée des communes pour l'alimentation des troupes ; les quartiers d'étape, contribution destinée à couvrir les frais des troupes en marche, etc... Mais comme tout cela se résout en argent, on l'appelle *taille extraordinaire*.

Ajoutez l'impôt général des ponts et chemins, l'imposition provinciale pour certaines digues, l'imposition pour les maladies épidémiques, l'imposition dite *des bains d'Aix*, l'imposition pour la paille des chevaux de la garnison, pour les frais des bureaux de l'Intendance générale, puis, en 1771, l'imposition pour le rachat des droits féodaux, et vous verrez la taille se gonfler démesurément.

Toutes ces contributions fiscales réunies prélevaient la moitié des revenus nets des terres. Et cette charge, si lourde déjà, était aggravée par les droits seigneuriaux de tous genres qui prenaient, sur le reste, 28 à 30 centièmes. Ainsi donc, le total général du prélèvement de l'impôt ducal et des droits féodaux absorbait les quatre-vingts centièmes des rentes terriennes. Il ne restait au propriétaire taillable que les deux dixièmes des fruits de son travail. C'était la misère.

* * *

La condition de l'ouvrier n'était guère meilleure que celle de l'agriculteur propriétaire. Voici un tableau dressé, au début de la Révolution, par la Municipalité de La Motte, sur l'invitation de plusieurs citoyens de la commune, sous le nom de *Maximum supplétif* :

1° La journée d'un bouvier avec deux bœufs nourris............................ 1 livre 10 sols.
2° Celle d'un bouvier et de deux bœufs non nourris............................ 5 livres.

3° Pour un port à Chambéry, des villages du Cheminet, de la Teissonnière, de Barby, des Pérouses, de la Catonnière, de la Curtine, de la Villette, le bouvier nourri .... 1 livre 10 sols.
4° La journée d'un manœuvre agriculteur, nourri :
 De novembre à mars............ 10 sols.
 De mars à novembre............ 12 sols.
5° Du même, non nourri :
 De novembre à mars............ 1 livre 10 sols.
 De mars à novembre............ 1 livre 15 sols.
6° La journée d'une ouvrière à l'agriculture, nourrie :
 En hiver .... 5 sols.
 En été .... 8 sols.
7° La journée d'un couvreur à paille :
 En été, nourri................ 1 livre.
 — non nourri............... 2 livres.
 En hiver, nourri............... 15 sols.
 — non nourri............ 1 livre 10 sols.
8° La journée d'un tailleur de pierre et maçon, nourri, de mars à novembre.. 1 livre 4 sols.
 Non nourri.......... 2 livres 8 sols.
 En hiver, nourri................ 1 livre.
 — non nourri............. 2 livres.
9° La journée d'un manœuvre :
 En été, nourri................. 15 sols.
 En hiver .... 10 sols.
10° La journée du charpentier, comme celle du maçon.
11° La peignure du chanvre, nourri....... 6 deniers.
12° La roue d'un charriot, à tout fournir. . 4 livres 10 sols.
13° Une charrue neuve, à tout fournir..... 12 livres.
14° La façon d'un tonneau... .... 8 livres.
15° La façon d'un demi-tonneau......... 6 livres.
16° La façon d'une herse............... 4 livres 10 sols.

17° Une herse, y compris le bois .... 11 livres.
18° La façon d'une paire de sabots :
    Pour homme................... 15 sols.
    Pour femme................... 12 sols.
    Pour enfant. .... 10 sols.
19° La journée d'un tailleur d'habit sera payée comme celle d'un ouvrier à la campagne.

Constitution de la Commune rurale

Quelques notions générales sur l'organisation de nos communes rurales nous paraissent nécessaires à l'intelligence de cet état social (1).

Une commune rurale était constituée dès le moment qu'elle possédait des biens en commun ou des communaux. Ces terres et forêts, souvent considérables, dépendaient généralement d'un fief, c'est-à-dire de la juridiction d'un seigneur, du Duc ou Prince de Savoie, ou d'un de ses vassaux. La communauté exploitait ces fonds, mais reconnaissait et payait au seigneur les droits féodaux.

La communauté de La Motte possédait, en 1730, 5 fours, 31 pièces de terres arables, disséminées sur le territoire, d'une superficie de 40 journaux ; des teppes, broussailles, pâturages et bois de haute futaie, principalement sur le versant de l'Epine, le tout dépassant 2.000 journaux.

La commune de Servolex était moins favorisée. Ses limites étroites ne laissaient place ni aux terrains vagues, ni aux forêts. Elle n'eut jamais de biens communaux, hormis un four.

---

(1) *Les Communes et les Institutions de l'Ancienne Savoie.* — Gabriel Pérouse, archiviste départemental.

Son territoire, divisé en 720 parcelles, était la propriété d'une quinzaine de familles ; les autres étaient censières. Ces propriétés, grosses ou petites, étaient grevées de servis et droits féodaux.

Le marquis d'Aix et de la Serraz, le prieuré du Bourget, les hospices des pauvres de Saint-François de Chambéry, les Pères Jésuites de la même ville, l'hospice de Maché, le prieuré de La Motte, les Révérends Pères Chartreux, en tiraient quelques redevances.

La communauté de Servolex fut donc naturellement constituée, non point par l'exploitation de biens communs, mais plutôt par le besoin commun de défense contre les droits seigneuriaux.

* *

Lorsque le Prince ou autre seigneur avait juridiction féodale sur un territoire, il y établissait un châtelain, dont la charge était de percevoir tous les droits ruraux et féodaux qui en dépendaient, de résider dans le château seigneurial et de l'entretenir.

Délégué du seigneur pour exercer la basse ou simple justice, il inflige des amendes et dispose d'une prison. Il a une petite cour ou *curia*, son greffier s'appelle curial, son tribunal le *Ban du droit*. Souvent sa juridiction s'étend sur plusieurs communes, suivant l'étendue du fief de son seigneur et maître. Lorsque les municipaux délibèrent, il a le droit d'assistance aux assemblées. Ses fonctions ne sont point gratuites, et il n'est pas seul à grever le budget local. Sa cour, ses sergents, ses familiers, son curial, imposent des charges aux communes. Lorsque ces charges sont trop onéreuses, des réclamations surgissent qui nécessitent des appels au Prince ou à son conseil.

Il en alla ainsi jusqu'à la réforme de Victor-Amédée II.

Mais voici que les communes se sont constituées en organes vivants. Elles tendent à s'administrer elles-mêmes, et à n'avoir de rapport qu'avec le pouvoir central.

Dès lors, les assemblées communales deviennent plus régulières. Leurs délégués ou syndics prennent une importance plus considérable ; ce sont des agents stables, dont l'autorité tend à grandir avec leurs attributions et leur responsabilité. Les débats entre communes, châtelains ou seigneurs, se vident devant le souverain Sénat de Savoie, établi en 1559 par Emmanuel-Philibert ; et le Sénat n'est pas seulement l'arbitre, mais le défenseur des communes.

Les assemblées générales des communiers étaient annoncées du haut de la chaire, à la fin de la grand'messe ; et elles se tenaient sur la place publique, quelquefois sur le cimetière, et même dans l'église. Tous les chefs de maison devaient s'y rendre : les deux tiers étaient nécessaires à la tenue de l'assemblée ; mais la masse populaire n'en était pas exclue. Les syndics faisaient souvent appel à cette sorte de referendum, pour couvrir leur responsabilité. La durée de leur mandat variait suivant les communes. Ils étaient élus par l'assemblée des communiers, pour trois ans, généralement, et quelquefois pour un an. Leur nombre fut également très variable : tantôt un seul, tantôt deux, rarement trois. A la fin du XVIIe siècle, l'on revint à l'unité.

Cette fonction n'était pas ambitionnée, car elle imposait de graves responsabilités. Les syndics percevaient les revenus communaux et les impôts de l'Etat, rendaient compte des deniers qu'ils administraient, et pouvaient être poursuivis en justice. Plus tard, au milieu du XVIIIe siècle, on jugea bon de leur adjoindre quelques conseillers, qui constituèrent, avec les dits syndics, l'Assemblée particulière.

Dès l'origine de ces assemblées, la nécessité d'un secrétaire communal s'imposa. Le châtelain, qui était généralement notaire, et qui, membre nécessaire, était toujours convoqué, remplit cette fonction jusqu'au xviii° siècle. La réforme de 1738 exigea un secrétaire indépendant, sorte de fonctionnaire de l'Etat, inamovible, représentant direct de l'intendant général. Il sera, lui aussi, notaire, homme de loi. Comme sa fonction doit être largement rétribuée, plusieurs communes s'uniront pour avoir ce secrétaire en commun ; telles La Motte-Montfort et Servolex.

Le Conseil communal fut définitivement organisé par cette réforme de 1738. Au mois de novembre de cette même année, les communiers se réunirent une dernière fois en assemblée générale, et ils élirent le syndic et les conseillers qui devaient composer la nouvelle administration. Dès cette date, le Conseil se renouvellera lui-même.

CHAPITRE IV

Familles seigneuriales et nobles de La Motte-Montfort

Au XVIII° siècle, notre paroisse s'appelait : *La Motte-Montfort*, du nom de l'illustre famille de Monfort de St-Sulpice, dont la juridiction s'étendait sur une grande partie de notre commune. Voilà pourquoi nous donnons à cette famille la première place.

Les Seigneurs de Montfort

La famille Oddinet possédait la seigneurie de Montfort, dès la fin du XIV° siècle. Elle remontait à Lambert Oddinet, chevalier et docteur ès-lois. Ce dernier jouissait d'un grand crédit auprès des Ducs de Savoie qui lui confièrent des ambassades extraordinaires chez les Princes voisins. Il fut nommé chevalier de St Maurice, dès la fondation de cet ordre.

Admis dans l'intimité d'Amédée VIII, il fut un de ses témoins, lorsque ce Prince se laissa imposer la tiare par le Concile de Bâle et proclamer pape sous le nom de Félix V.

En 1448, Lambert Oddinet fut nommé président du Conseil ducal, résidant à Chambéry. Il possédait la maison-forte de Montfort, sur la paroisse de Saint-Sulpice ; et ses descendants l'ont conservée pendant quatre générations. Ses fils et successeurs, messire Jean, Lambert II et Gérard, Claude et Jean, etc..., firent des alliances si brillantes et si riches que la famille devint une des mieux dotée, en seigneuries, de tout le duché de Savoie.

En 1573, Louis Oddinet, héritier de tous les titres et biens de la famille, se vit l'objet d'une dernière faveur du Duc de Savoie, Emmanuel-Philibert, qui érigea en baronnie la seigneurie de Montfort. Cette baronnie comprenait, outre Montfort, Saint-Sulpice, Vimines, Saint-Thibaud-de-Couz, et une partie notable de La Motte, soit Villardmarin, Ronjoux et Volaz. Ce seigneur se trouva, à la fin de sa vie, baron de Montfort, comte de Conflans, seigneur de Longefan, de Lornay et comte de Mont-Réal, en Bugey (1).

Ce gentilhomme était un remarquable guerrier. Il était gouverneur de Nice, lorsque, en 1543, l'e *Corsaire africain* Barberousse vint assiéger cette ville. Sommé de se rendre, il répondit fièrement « que l'*e pirate* s'était mal adressé à lui pour rendre la place, parce qu'en son nom il s'appelait Montfort, qu'en ses armes il portait des pals et que sa devise était : *Il me faut tenir* ; et que, pour toutes ces considérations, il ne fallait attendre de sa part que la plus vigoureuse résistance ». Il résista si bien que la flotte *ennemie* leva l'ancre et disparut (2).

Il mourut en 1575, et avec lui s'éteignit la branche des Oddinet de Montfort. Il avait testé en faveur de son neveu, Georges de Mouxy, qui recueillit sa vaste succession.

Cette seigneurie passa, dans la suite, aux seigneurs d'Allinges, marquis de Coudré. En 1702, la marquise, comme procuratrice de son mari, la vendit à messire Joseph

---

(1) *L'Armorial de la Savoie.*
(2) Grillet : *Dictionnaire Historique*, vol. I, p. 98.

Arétan. Ce dernier céda, en 1734, à Jean-Pierre de Morand la seigneurie de Saint-Sulpice (partie de la baronnie de Montfort) avec Villardmarin, Volaz et Ronjoux. Messire Jean-Pierre de Morand avait épousé, le 6 novembre 1714, demoiselle Falise Salteur, fille de Philibert, marquis de Samoëns.

* * *

La famille de Morand descend de noble Justinien Morand, receveur de la ville et du mandement de Pont-d'Ain, vers 1650. Grillet (1) la fait remonter à noble Antoine Morand, nommé, avant 1500, châtelain ou commandant militaire de Pont-d'Ain, par Marguerite d'Autriche, épouse de Philibert le Beau, duc de Savoie. Justinien aurait été l'arrière-petit-fils de messire Antoine. Le fils de noble Jean-Pierre de Morand, Claude-François-Alexandre, né en 1716, baron de Montfort et de Grilly, seigneur de Saint-Sulpice et de Villardmarin, aide-major au régiment des gardes, héritier de son cousin Claude de Morand de Grilly, prit *reprise* du fief et de la seigneurie de Grilly. Le 28 avril 1744, il acheta à noble Joseph Arétan tout ce que celui-ci avait gardé de la seigneurie de Saint-Sulpice, la baronnie et le château, ainsi que la juridiction sur Montfort, Vimines et Saint-Thibaud de Couz.

Cette famille possédait sur les confins de La Motte, au sommet de Villardmarin, une résidence seigneuriale, très probablement bâtie par les seigneurs d'Allinges. Elle est bien déchue de son ancienne splendeur (2). Elle avait

---

(1) *Dictionnaire Historique des Départements du Mont-Blanc et du Léman.*

(2) Ferme appartenant aujourd'hui à M. le capitaine Paul Richard. Il ne reste, croyons-nous, que la partie centrale du château.

CHATEAU DES SEIGNEURS DE MONTFORT (3ᵉ branche)
Sis à Villardmarin, bâti en 1662-63.
Vers l'angle nord, une tour, dont il ne reste rien, était adossée à la terrasse.

assez grand air. La maison d'habitation couvrait une superficie de 64 toises. Elle avait son entrée au nord-est par une première cour ; une seconde cour suivait, qui entourait tout le château. A l'entrée de cette esplanade, à droite, se trouvait la chapelle, d'une superficie de 6 toises 7 pieds ; à gauche, le pigeonnier (1) ; derrière le château, une maison fermière et deux granges.

Comme dans toute maison seigneuriale, il y avait, à Villardmarin, un châtelain ou mistral, chargé de percevoir les droits féodaux sur toute l'étendue de la baronnie et de rendre la basse justice aux sujets de Montfort.

Le 17 septembre 1746, Claude-François-Alexandre de Morand de St-Sulpice épousa Anne Chevillard de Ladhuy, comtesse d'Ugines, baronne du Bois et de St-Oyen, dame de La Motte et de Belmont.

Les Chevillard ou Chivillard de St-Oyen, famille illustre et puissante, possédait (nous ne savons depuis combien de temps ou de siècles) le parc et l'ancien château situés entre la Salle et Barby. Ils s'intitulaient seigneurs de La Motte. Par son mariage avec l'héritière de cette famille, noble Claude-François-Alexandre de Morand, baron de Montfort et de St-Sulpice, devenait seigneur de La Motte-Montfort. Cette dernière seigneurie fut, en 1781, érigée en baronnie.

Le nouveau seigneur de La Motte céda à son fils, Pierre-Gabriel-Laurent, le comté d'Ugines, la baronnie de Montfort et de Grilly. Il laissa à son autre fils, Joseph-Nicolas, la seigneurie de La Motte et la baronnie de Saint-Sulpice.

Joseph-Nicolas, baron de St-Sulpice et de La Motte, rêvait d'embellir sa nouvelle résidence. Il entreprit la

---

(1) Sur la façade sud-est du pigeonnier est gravée cette date : 1663.

6.

construction du nouveau château (¹). Il ne put l'achever, faute de ressources. Château et parc devinrent la propriété du marquis de Quinson ; puis, moins d'un demi-siècle après, celle de noble marquis Victor Costa de Beauregard, par son mariage avec l'héritière unique de cette famille.

Joseph-Nicolas de Morand ne laissa qu'un fils (né le 3 septembre 1817), qui fut chanoine de la cathédrale de Chambéry, et qui mourut en 1876. Ce fut le dernier des barons de La Motte et de St-Sulpice.

Pierre-Gabriel-Laurent, frère aîné de Joseph-Nicolas, à qui avait échu le comté d'Ugines et la baronnie de Montfort et de Grilly, ne laissa, lui aussi, qu'un enfant, Eugène, né à Chambéry le 26 mai 1807. Eugène de Morand épousa en 1844, le 12 décembre, Marie-Alix-Suzanne-Louise-Césarine de Vignet, fille de François-Xavier de Vignet et de Hélène-Césarine de Lamartine, sœur de l'illustre poète.

Après la Révolution, la famille de Vignet avait acquis la propriété et le castel des Vissot, à Servolex. C'est là que les débris de la noble famille de Morand de Montfort, ruinée dans cette tourmente, vint chercher un refuge. Eugène de Montfort y mourut le 25 septembre 1879. Il ne laissait qu'un fils, Alexandre-Frédéric-Ange-Marie, qui fut le dernier de cette branche et qui mourut il y a quelques années seulement.

Ce coquet château de Servolex (²) garde d'autres souvenirs. Lamartine y vint souvent rêver. Il y trouvait sa sœur Hélène-Césarine, qu'il aimait tendrement, et son meilleur ami, Louis de Vignet, frère de Xavier. Cette sœur adorée

---

(1) L'ancien est sis au sommet du parc.
(2) Il appartient aujourd'hui, avec son parc, à la famille Barral.

y mourut, jeune encore, en 1824. Sur un cénotaphe en marbre noir, encastré dans le mur latéral droit de la gracieuse chapelle du château, nous lisons cette inscription :

HIC JACET
HELENA-CAESARIA DE LAMARTINE, COMITISSA DE VIGNET
QUAM, NEC FORMA, NEC PIETAS, NEC SUORUM AMOR
NEC VOTA CIVITATIS
TVERI IMMATVRA MORTE POTVERVNT
OB. D. XI FEB. A. D. MDCCCXXIV, AET. XXIV
CONJVX, FORTVNAE SVAE, SVPERSTES
NE LIBERI, CINERES, MATERNOS, INSCII, CALCARENT
POSVIT

Ce qui se traduit ainsi :

Ci-gît :
Hélène-Césarine de Lamartine, comtesse de Vignet, que, ni sa beauté, ni sa piété, ni l'amour des siens, ni les vœux de la population, n'ont pu préserver d'une mort prématurée.
Elle mourut le 11 Février de l'an du Seigneur 1824, âgée de 24 ans.
Son époux, qui a survécu à son malheur, l'a déposée (dans ce tombeau élevé) de crainte que ses enfants ne foulent aux pieds, sans le savoir, les cendres maternelles (¹).

Un autre descendant de noble Morand, châtelain de Pont-d'Ain, devint, par son mariage, baron de Confignon, et fut la souche de la seconde branche des de Morand, vigoureuse encore aux personnes des nobles barons de Morand de Confignon, qui habitent le château du Trembley.

---

(1) La dépouille mortelle de la jeune Comtesse fut transférée dans le tombeau de la famille de Vignet, au cimetière de Chambéry.

Ce château (et sa propriété) appelé *la Montaz*, appartenait, vers la fin du xviiie siècle, à Mgr Laurent de St-Agnès, archevêque de Tarentaise. Ce dernier y mourut, le 23 juillet 1783, et fut inhumé, comme nous l'avons dit plus haut, dans le chœur de l'église de La Motte.

L'archevêque mourait pauvre. Ce beau domaine fut vendu et acheté par messire Burnier, notaire et régisseur de la Collégiale d'Aix-les-Bains, puis cédé à M. le marquis de Beauregard.

Le 15 octobre 1780, noble Joseph-Marie-Alexandre-Xavier Morand, baron de Confignon, major dans les grenadiers royaux, avait épousé dame Clémentine-Cosme-Marie-Louise Costa, fille du marquis de Beauregard. Il devint, par ce mariage, seigneur du Trembley.

Les Seigneurs de Pingon [1]

Il y avait, sur le territoire de La Motte, deux châteaux seigneuriaux, avec juridiction féodale : celui de Montfort et celui de Pingon. Les seigneurs de Seyssel, marquis d'Aix et de la Serraz, qui étendaient leurs droits féodaux sur une partie notable de La Motte et de Servolex, n'avaient pas, sur ces territoires, de résidence. Quant au château proprement dit de La Motte (ou la Salle), nous ne pensons pas qu'il ait joui de droits féodaux importants jusqu'à son annexion à la maison de Montfort.

Les Pingon, selon Grillet, nous sont venus d'Aix en Provence.

Au milieu du xive siècle, cette famille était illustre déjà,

---

[1] GRILLET : *Dictionnaire Historique*. — *Armorial de la Savoie*.

CHATEAU SEIGNEURIAL DE PINGON
construit, vers 1515, par Louis II de Pingon.

au Midi de la France. Un certain Jean de Pingon aurait été créé chevalier et seigneur de Vaud, en 1295, par Louis de Savoie.

Pierre II de Pingon, chevalier d'Aix, en 1332, aurait eu deux fils : Louis, qui continua la branche de Provence, et dont la famille s'éteignit en 1500, puis Pierre III, appelé au service de nos Ducs, souche des Pingon de Savoie. Ce dernier eut pour fils Jean I, qui fut secrétaire d'Etat de la reine Yolande de Naples. Il vivait au commencement du XVᵉ siècle.

Jean I eut deux fils : Jean II, seigneur de Prangin, nommé évêque d'Aoste en 1440, et Pierre III ou IV qui devint secrétaire et conseiller d'Etat de Blanche de Montferrat, duchesse de Savoie. Ce Pierre de Pingon eut lui-même deux fils : Jean-Michel, né à Chambéry, en 1451, mort à Rome en 1505, poète et latiniste distingué, choyé par les papes Innocent VIII, Alexandre VI et Pie III, et Louis Iᵉʳ, qui acheta les terres de La Motte.

Louis II fit bâtir la maison-forte de Pingon vers 1515. Auditeur en la Chambre des Comptes, ambassadeur extraordinaire auprès des Cantons suisses et de plusieurs autres Cours, il vit ses services appréciés par le Duc Charles III, qui érigea en fief noble toutes les possessions des de Pingon, sur le territoire de La Motte.

Cette maison-forte de Pingon, bâtie sur un plan régulier, flanquée de quatre tours rondes, était environnée d'un fossé. A la porte principale se trouvait un pont-levis ; sur le fronton, cette inscription : *Ludovicus Pingonius, in agro Mottensi Pingoniano faciebat* (1).

Louis II de Pingon eut trois fils : Emmanuel-Philibert,

---

(1) Cette pierre, détachée du fronton, à la Révolution, est aujourd'hui encastrée dans le mur de soutènement de la terrasse.

dont nous parlerons plus bas ; Louis III, messire de Pingon, seigneur de Prangin, et Antoine de Pingon, chevalier de Malte, blessé mortellement à l'attaque de Zoare, contre les Turcs, et mort sans descendant.

Arrêtons-nous à ce point où Grillet se rencontre avec l'*Armorial de Savoie*. Cet auteur est-il sûr de ses données ? Il les a tirées de l'*Histoire de Provence*, par Nostradamus, et de l'Autobiographie d'Emmanuel-Philibert de Pingon. Ce dernier était bien trop incliné à exagérer la noblesse de sa famille.

* * *

L'*Armorial de Savoie* a cherché ces origines nobles moins haut, et les donne plus sûres.

Les Pingon, selon l'auteur, nous sont venus de Poncin en Bugey, vers le milieu du xve siècle. Pierre Pingon, notaire d'abord, est le premier qui se soit qualifié noble. Il s'établit à Chambéry, pour y exercer ses nouvelles fonctions. Il eut un fils, Louis, qui suivit très probablement la même carrière, et qui laissa trois enfants (voir plus haut) dont Emmanuel-Philibert. Ce personnage mérite une mention spéciale.

Il naquit à Chambéry, le 18 janvier 1525. Après des études élémentaires en cette ville, il se rendit à Lyon, puis à Paris. En 1546, il se trouvait à l'Université de Padoue, dont il fut nommé vice-recteur.

En 1550, il obtenait le bonnet de docteur en droit. Sa rare intelligence, sa profonde connaissance du latin, son goût et sa science des antiquités, lui acquirent de nombreux admirateurs en Italie.

De retour à Chambéry, il fut reçu avocat au Parlement de Savoie, nommé official du décanat par l'évêque de Grenoble, et pourvu de la prévôté d'Aiguebelle. Choisi comme premier syndic de Chambéry, en 1551, il s'appliqua, avec succès, à réparer les dégâts causés par la Leysse. Avec une activité surprenante, il releva les murs de la ville, répara les canaux de l'Albane, construisit les digues de la Madeleine ; et tout cela en moins de trois mois. Il n'avait que 27 ans.

Pour récompenser ses mérites, le duc Emmanuel-Philibert le nomma conseiller d'Etat et vice-grand-chancelier de l'Université de Turin. De Pingon mourut dans cette ville, laissant quatre enfants et..... quelques ouvrages qui dénotent une vaste érudition, mais peu de critique. Il fut trop occupé de ses fonctions diverses pour parfaire ses livres.

Louis de Pingon se disait, prématurément peut-être, seigneur de Pingon ; Emmanuel-Philibert, son fils, le fut réellement, de par la volonté du Duc de Savoie. Voici son titre d'investiture ([1]) :

« Vu, dans les archives de la Chambre des Comptes,
« l'investiture du 12 mars 1563, accordée par le Duc
« Emmanuel-Philibert de Savoie, à son nom et à celui de
« son frère Louis ; *ibi ;* recevons et admettons le dit
« Philibert de Pingon, tant à son nom qu'à celui de son
« dit frère, à foi et à hommage ; et l'avons investi et inves-
« tissons d'icelle baronnie de Cusy et maison-forte de
« Pingon, par l'accolement accoutumé avec l'épée et un
« baiser à la joue dextre. Et, ce faisant, nous a promis,
« pour lui et pour les siens, hoirs, héritiers et successeurs
« quelconques, nous être bon et fidèle serviteur et sujet,

---

(1) Archives départementales.

« nous obéir et nous servir, envers et contre tous, main-
« tenir et défendre et garder notre personne, etc. »

Emmanuel-Philibert, baron de Cusy, seigneur de Pingon, laissa de nombreux enfants; mais il institua, pour son héritier universel, son fils Jean-Bérold, né à Cusy en 1561. Un de ses enfants naturels, Louis, obtint de son oncle Pierre la paroisse de La Motte, c'est-à-dire le bénéfice-cure, et un canonicat à Belley.

La famille d'Emmanuel-Philibert s'éteignit au XVIIe siècle, en la personne de Claudine-Philiberte de Pingon, première épouse du comte Louis de Sales (frère de St François), de laquelle il eut un fils unique, Charles-Auguste de Sales, évêque de Genève.

La seigneurie de Pingon resta dans l'hoirie de Louis III, frère du précédent, qui avait été investi de ce fief, par le même acte ducal. Il eut, comme héritier universel, son fils Dom Antoine-Louis, qui devint, par là, seigneur de Pingon et de Prangin. En 1595, ce dernier est nommé écuyer de Son Altesse Royale et chevalier de Malte. En 1615, il reconnaît, en faveur du Chapitre de Belley, des biens à La Motte (¹).

A cette époque, la famille de Pingon possédait, en biens allodiaux ou propres, la presque totalité de la butte et le clos actuel du pensionnat. Elle se montra généreuse envers le prieuré. C'est très probablement Dom Antoine-Louis qui lui céda la partie Est et Nord-Est de cette propriété. Le 22 juillet 1620, il fonda, dans l'église de La Motte, une chapelle sous le vocable de St Sébastien, et affecta, à son

---

(1) Les de Pingon payaient au Chapitre de Belley des droits féodaux pour leur propriété de la butte.

entretien, une rente annuelle de 20 florins. Il mourut en 1634.

Son fils, Victor-Amé, lui succéda en tous ses avoirs. Né en 1616, il avait eu pour parrain le prince Victor-Amé de Savoie. Il mourut sans héritier en 1685, après avoir testé en faveur de son frère Louis.

Louis meurt cinq ou six ans après, laissant à son fils Antoine l'universalité de ses biens, les seigneuries de Prangin et de Pingon. Antoine meurt, jeune encore, à Annecy, en 1741, laissant pour son héritier son fils Hyacinthe, né en 1714.

Ce Hyacinthe de Pingon fut lieutenant dans le régiment des Dragons du Roi, puis chevalier de l'ordre militaire des Sts Maurice et Lazare. Il épousa une riche héritière, la fille du seigneur de Conflans, qui lui apporta en dot, outre le comté de Conflans, les seigneuries de Marlioz et de Sallenove. Il eut pour fils et héritier unique, Amé-Gaspard-Vincent, qui accumula sur sa tête tous ces titres, et entre ses mains tous ces nombreux héritages. Celui-ci naquit en 1753, au château de Marlioz, qu'il aima habiter plus tard.

En 1793, le comte Amé-Gaspard-Vincent de Pingon fut, comme nombre de nobles et de prêtres, enfermé dans la prison nationale de Chambéry, par ordre du Département (¹). Sur sa demande, il passa à l'évêché, où il demeura jusqu'en septembre 1794. Mis en liberté par Gauthier, il fut de nouveau condamné à un an de prison et à 1.000 francs d'amende, pour avoir reçu des missionnaires chez lui. Il demanda à subir sa prison à Paris, ce qui lui

---

(1) Mgr BILLIET : *Mémoires pour servir à l'Histoire du Diocèse de Chambéry*, p. 301.

fut accordé. Une pieuse dame, de la famille de la Prunarède, originaire de Montpellier, le visitait dans sa prison. Tous deux, fort religieux, se flattaient de compter dans leur parenté de grands Saints : St François-Régis, chez les de la Prunarède ; St François de Sales, chez les de Pingon. La bonne dame rêva une alliance entre les deux familles, et la réalisa en donnant comme épouse à son prisonnier Mademoiselle sa nièce.

De Pingon Gaspard-Vincent revint en Savoie avec sa noble dame de la Prunarède, et choisit, comme résidence, son château de Marlioz. Il y mourut sans postérité, et fut le dernier de l'illustre famille de Pingon.

Principales familles nobles et bourgeoises de La Motte et Servolex avant 1789

Il s'agit ici de la petite noblesse et de la bourgeoisie de province, dont l'influence se mesurait non point aux quartiers du blason, mais à l'action personnelle.

Sur le charmant coteau de Ronjoux (1), limité par deux ruisseaux profondément encaissés, s'établit, vers 1700, une honorable famille qui conquerra plus tard ses titres de noblesse.

Jean-Baptiste Aubriot dit Lapalme, ingénieur civil, originaire de Gap, avait acquis ce domaine, qui comportait une vaste maison d'habitation et des fermes. Comme toute famille bourgeoise qui aspirait à la noblesse, celle-ci avait

---

(1) Cette belle propriété, qui encadre une superbe villa, appartient aujourd'hui à Mme Bourget-Pailleron, fille de l'illustre écrivain.

sa chapelle. Elle existe encore, croyons-nous, en son cadre, à quelque cinquante mètres de la route de Villardmarin.

De temps immémorial, il était d'usage d'aller en procession le jour de la Nativité de la Ste Vierge, vers cette chapelle dédiée à la Reine du Ciel. Le 8 septembre de chaque année, le curé de La Motte y célébrait les Saints Offices : messe, vêpres, bénédiction du Saint-Sacrement et bénédiction du pain. Ces cérémonies religieuses étaient mêlées de réjouissances publiques. Il y avait vogue, et vogue achalandée par les voisins de Cognin et de Bissy. Le pré des Aubriot, dit Lapalme, était transformé en place publique, ce qui constituait une servitude très onéreuse dont la famille voulait se libérer.

Au mois d'octobre 1752, le R^d curé et ses vicaires organisèrent une seconde procession pour demander au Ciel de la pluie. Les confrères et consœurs du Rosaire, suivis d'une grande partie de la population, arrivèrent à la porte de la propriété qu'ils trouvèrent fermée. Le calme manqua à la foule. D'une violente poussée, elle enfonça la porte, pénétra jusqu'à la chapelle qu'elle ouvrit de force. La résistance était impossible. Jean-Baptiste Lapalme intenta un procès à la communauté et au syndic responsable. Le Conseil, réuni, députa honorable Ducret, pour le représenter devant la justice.

Un des fils de Jean-Baptiste Aubriot, dit Lapalme, allait rendre à l'Eglise de signalés services, durant et après la Révolution. Il naquit à Ronjoux en 1752, et reçut les noms de Jean-Baptiste-Marie. Collégien, il jouait un jour sur la place du Verney, à Chambéry. Dans l'ardeur de la lutte, il lança si malheureusement son *baculo* à la tête d'un de ses compagnons, qu'il l'étendit raide mort. Il fut si terrifié par cet accident, qu'il résolut de se consacrer à Dieu.

Il fit ses études théologiques à l'Université de Turin, et fut reçu docteur en 1776. Quatre ans après, il fut nommé chanoine de la cathédrale de Chambéry. Sur ces entrefaites, le roi venait de céder à Mgr Conseil, pour son Grand-Séminaire, une maison située au Bocage et provenant des Jésuites. Le pape et le roi l'avaient dotée, le premier, des revenus du prieuré de Saint-Baldoph, le second, d'une rente annuelle de 1.000 livres. Le chanoine Aubriot reçut la mission d'organiser cette œuvre, et il n'avait que 30 ans. Il occupa ce poste de confiance de 1782 à 1793. Nommé, à cette date, Vicaire général, il devint, soit à Chambéry, soit en exil à Turin, l'âme de la résistance antirévolutionnaire et le directeur vigilant du clergé dispersé. Après la Révolution, il fut promu à l'évêché d'Aoste.

* *
*

Si nous passons à la Villette, nous trouvons la noble famille Sardes de la Forest, qui a donné, à la paroisse de La Motte, le curé dont nous avons parlé. Elle possédait une vaste maison bourgeoise, une autre habitation de moindre importance et une belle propriété (1). Dans le jardin, en face de la maison-maître, elle avait une chapelle, dédiée à la Ste Famille. Les revenus en étaient de 12 florins, hypothéqués sur tous les biens du fondateur, avec la charge de douze messes annuelles, par acte du 28 octobre 1716.

---

(1) Maison et propriété actuelle de M. l'avocat Antoine Richard.

À la Curtine, dominaient les Dupasquier, riches bourgeois et hommes de lois, propriétaires des moulins de la Catonnière, de nombreux immeubles, maisons et terres, à La Motte et au Trembley. Ils étaient fondateurs et patrons de la chapelle de la Ste Trinité, dans l'église paroissiale.

Le coteau de la Salle était occupé, dans sa partie inférieure, par noble Chevillard de St-Oyen, dans sa partie supérieure par les Pacoret de St-Bon, avocats, hommes de lois, grands propriétaires terriens. Ils ne possédaient pas moins de 12 maisons et fermes, et habitaient une belle résidence à la Salle (1). Les Pacoret avaient fondé, en partie, la chapelle de St Sébastien, dont le patronage appartenait aux de Pingon. Ils avaient, de plus, près de leur habitation, une petite chapelle dédiée à Jésus-Crucifié, et dont les revenus étaient de 12 livres, hypothéqués sur la propriété et affectés à la célébration de douze messes annuelles.

* * *

Une autre famille bourgeoise, annoblie dans la suite, les Perrin, hommes de lois et de guerre, surpassaient, en avoirs terriens, les Pacoret de St-Bon. Une branche de cette famille habitait la Catonnière, une autre le Trembley. Sieur Simon Perrin, de la Catonnière, avait érigé, dans l'église de La Motte, une chapelle sous le vocable de St Simon et de St Blaise. Il avait laissé, comme dotation, une rente de 20 florins, avec la charge de douze messes par an.

La famille Perrin du Trembley avait constitué un revenu annuel de 96 florins, en faveur de la chapelle de St Christophe.

---

(1) Maison actuelle de Mme veuve Joseph Richard.

* * *

L'exemple le plus frappant du développement, par le travail, de la fortune bourgeoise, au préjudice de la noblesse oisive, nous est donné par la famille Georges, des Pérouses. Elle compte, en 1730, 5 maisons ou fermes à Villard-Péron, 6 maisons et 8 granges à Barby, maisons d'habitation et moulin à Chantabord, 4 maisons et cours à la Villette, etc..... au total, plus de 50 immeubles. La propriété est immense ; elle se compose de plus de 600 pièces de terre, et comprend une partie notable de Villard-Péron, de Barby, de la Villette, du Noiray, et les Pérouses où se trouve la maison familiale.

Famille terrienne, tout d'abord, elle s'éleva jusqu'aux carrières libérales, et devint une souche d'avocats et de procureurs du Roi.

Près de son habitation bourgeoise des Pérouses [1], elle avait érigé une chapelle, sous le vocable de l'*Epiphanie*. Cette chapelle fournissait au curé de La Motte, qui en était le recteur, 10 livres de revenus, avec charge d'acquitter cinq messes par an.

Dans leur propriété de Barby, les sieurs Georges possédaient une autre chapelle, dédiée à la Ste Famille. Elle avait été unie au maître-autel paroissial, par acte du 27 octobre 1730. Les rentes fondées étaient de dix-huit livres, affectées à douze messes, et hypothéquées sur tous les biens du fondateur. Le curé Perret en avait retiré le capital, qui s'est perdu dans la suite.

---

(1) Aujourd'hui propriété et ferme appartenant à M. le capitaine baron du Noyer de Lescheraines.

*
* *

Les moulins et terres de Chantabord dépendaient, au XVIe siècle, de la seigneurie du Bourget, fief des Ducs de Savoie. Ces droits passèrent aux Sardes, seigneurs de Montagny. Le 25 août 1646, César Sardes vend moulins et terres à Amé Georges, qui les cède, à titre d'albergement perpétuel, à Louis Vuillermet dit Davignon.

En 1769, Etienne, petit-fils d'Amé Sardes, vend tous ses droits fonciers sur Chantabord à François Dupuis. Ces biens étaient destinés à changer souvent de propriétaires. En 1814, on les retrouve dans l'hoirie d'un Romain Chiron, de La Motte. Mais voici que toute cette hoirie est vendue aux enchères ; le lot de Chantabord est adjugé à Joseph Berthier, qui le cède, le même jour, à Alexis Guérin-Cornier.

En 1821, le sieur Cornier vend moulins, artifices et fonds, à Balthazard Collomb et François Choirat, qui les cèdent, en 1825, à Jean Bollon dit Quindiet. En 1832, Jean Pacthod, artiste-mécanicien, acquiert du sieur Bollon les bâtiments et les artifices, y établit une usine métallurgique où il travaille le minerai argentifère, et... ne réalise point ses rêves d'industriel-amateur.

En 1836, Chantabord tombe aux mains de la société financière Mounier, Dubeux et Cie, qui s'en dessaisit, en 1845, en faveur du sieur Michel St-Martin. Enfin, une dernière transaction le met, en 1850, aux mains d'honorables Louis Cabaud et Marie Girod, son épouse ([1]). Chantabord a fixé ses destinées. Il n'exploite point les minerais argentifères, mais les chiffons, qui, modestement, produisent plus que les mines de Pacthod.

---

(1) Chantabord appartient aujourd'hui à MM. Cabaud frères.

CHAPITRE V

Préliminaires de la Révolution

Les Affranchissements

Les droits féodaux, servis et autres, de toutes natures, pesaient lourdement sur le peuple et l'exaspéraient. Les Ducs de Savoie se rendaient compte du mécontentement et de la sourde conspiration du Tiers-Etat. Aussi avaient-ils, dès longtemps, permis aux taillables de s'affranchir. Une mesure générale était nécessaire pour prévenir des catastrophes.

Nous avons dit, dans un chapitre précédent, comment les communes en étaient arrivées à une forte Constitution. Administrées par les syndics et des conseillers permanents, elles s'établirent, comme naturellement, les protectrices des taillables, et les intermédiaires puissants entre les seigneurs et les communiers. Ce rôle, les communes vont l'exercer, pour le plus grand bien de leurs administrés, dans l'œuvre de l'affranchissement (¹).

L'affranchissement est la suppression, ou mieux, la liquidation des droits seigneuriaux dans une commune. L'idée n'en était pas nouvelle à la fin du XVIIIe siècle.

---

(1) Nous avons consulté sur ce point : *Les Communes et les Institutions de l'Ancienne Savoie*, par Gabriel Pérouse ; les Archives communales de La Motte-Montfort et les Archives de feu le comte Marin.

CHATEAU DE SERVOLEX
Refuge des derniers de Montfort. — Avant la Révolution, il fut la propriété des Vissot ; après la Révolution, des de Vignet-Montfort ; aujourd'hui, de la famille Barral.

Avant les édits dont nous allons parler, nombre de communes, en Savoie, s'étaient substituées à leurs administrés pour racheter aux seigneurs leurs droits féodaux. D'autres avaient procédé par albergement : elles payaient aux seigneurs une rente annuelle correspondant aux revenus que ces derniers tiraient des communiers.

Le principe de l'extinction des fiefs était posé, il devait se réaliser.

L'édit d'Emmanuel-Philibert, du 25 octobre 1561, autorisant les taillables à s'affranchir, eut un résultat insignifiant.

En 1762, Charles-Emmanuel III, dont l'administration fut si sage, qui avait (1738) établi l'impôt territorial sur la base fixe du cadastre, voulut dégager l'agriculture de toutes ces entraves, et faciliter le débouché de ses produits. Son édit royal de 1762 ordonnait aux seigneurs de remettre aux intendants l'état des taillables soumis à leurs droits, et prescrivait aux chefs de maison de délibérer, en assemblée générale, sur l'affranchissement à opérer par l'intermédiaire de la commune. Cet édit ne produisit pas l'effet qu'on en attendait.

Un nouveau décret fut porté (le 17 décembre 1771) qui fut fort bien accueilli. Il ordonnait l'affranchissement, non seulement de la personne des taillables, mais de tous les biens communaux et privés. Des délégués généraux, auxquels furent adjoints des subdélégués provinciaux, reçurent la mission d'appliquer cet édit.

La Motte-Montfort

La commune de La Motte-Montfort va solder l'affranchissement de ses communaux et des biens de ses administrés ; mais il faut des ressources. Un arrêté lève des sols

7.

additionnels à la taille ; le produit sera versé, chaque année, dans la caisse dite des affranchissements. La vente de quelques pièces de terre communales viendra grossir cette réserve.

Il y avait, au fond de ce système, une injustice ; car les taillables, proportionnellement imposés de sols additionnels, n'étaient pas également chargés de servis. L'on corrigea ce défaut par le cottet de répartition.

Le Conseil de La Motte-Montfort n'avait point attendu le décret de 1771 pour demander l'affranchissement total de la communauté. Le 15 juin 1766, il s'était réuni déjà, aux personnes de Pierre Morat, syndic, et de ses cinq conseillers, Jacques Georges, Jean Juilland, Bernard Mathieu, Jean Choulet et Joseph Thomas, pour demander au Roi l'autorisation de convoquer une assemblée générale des communiers. Dans cette assemblée, seraient discutés *les moyens de s'affranchir des divers servis, affectés sur les fonds de la dite paroisse, relevant de plusieurs fiefs, à savoir :* de celui du prieuré de Belley, du marquis de la Serraz, du prieuré du Bourget, du baron de la Motte, de Sardes de Candie et autres.

Les motifs allégués par le Conseil sont pressants : « Ces servis, droits féodaux, dit-il, absorbent, avec les tailles payées, presque tout ce que les propriétaires peuvent retirer de leurs terres, surtout dans les temps de disette, comme il n'arrive que trop souvent ; en sorte qu'ils sont obligés de contracter des dettes, pour payer les dits servis... Dans ce temps, bien loin de pouvoir acquitter ces grosses servitudes et des tailles considérables, dont le territoire est surchargé, les propriétaires n'ont bien souvent pas de grains pour la subsistance de leur famille... Par là, la plupart des ouvriers se voient obligés de sortir des Etats pour aller gagner leur vie. »

Cette assemblée générale parut-elle prématurée ? De fait, elle n'eut pas lieu. Deux ans après, en 1768, le Conseil municipal tint une nouvelle réunion et délégua, au même effet, le conseiller Jean Rumilliet, auprès de l'intendant général. Ce second appel fut entendu, et la réunion de tous les communiers décidée pour le 5 juin, devant l'église de La Motte-Montfort, à l'issue de la première messe.

Ce fut, pour la paroisse, un événement de première importance. La presque totalité des propriétaires, grands et petits, remplissaient la petite place de l'église, et débordaient sur le cimetière (1). Cette délibération fut signée par les lettrés ; ils étaient fort peu nombreux. Le syndic lui-même y apposa sa croix, ainsi que quatre conseillers sur cinq.

Le Chapitre de Belley (prieuré de La Motte) souscrivit aux décisions prises par l'assemblée générale. Les autres possesseurs de fiefs tergiversèrent jusqu'à ce que le décret de 1771 les fit sortir de leur volontaire torpeur.

L'assemblée générale, prévue par le décret royal, devait être composée, non seulement de tous les possesseurs de fonds à servis, mais encore de tous les chefs de maison. Elle fut fixée au 17 mai 1772.

Les seigneurs féodaux Salteur marquis de la Serraz, le Chapitre de Belley, le prieuré du Bourget, le baron du Bourget, le seigneur de La Motte, le baron de Montfort et de St-Sulpice, de Pingon et autres présentèrent à l'intendant général l'inventaire de leurs biens et rentes.

Pendant que ces préliminaires se poursuivaient, le Con-

---

(1) Archives communales de La Motte-Montfort.

seil communal cherchait de nouvelles ressources pour solder l'affranchissement. Une importante gratification royale avait été faite à la paroisse, en dédommagement des pertes causées par la grêle, dans les années 1761 et 1762. La Municipalité prie Sa Majesté de vouloir bien l'autoriser à affecter cette somme aux fins ci-dessus énoncées. Ce qui fut accordé.

Tout ne marchait pas à souhait. Les lenteurs, nécessaires à cette difficile opération, n'étaient point comprises par la masse du peuple qui refusait, avant la conclusion de l'affaire, de payer dîmes et servis. De là, des procès à soutenir, par la communauté, contre le Chapitre de Belley, au sujet de la dîme des légumes ; contre le seigneur de Pingon, pour des servis non soldés ; contre noble Sardes de Candie, pour de prétendus droits lésés.

Cependant la délégation générale, assistée des subdélégués provinciaux, opérait la vérification des innombrables états de rente déposés par les possesseurs de fiefs. Ces états, ou rapports, étaient aussitôt communiqués à chaque commune, qui procédait à la répartition des sommes à payer.

Le cottet, touchant le fief du Chapitre de Belley, parut assez difficile à établir, pour que le Conseil sollicitât le concours du sieur Léger, commissaire général, archiviste de Sa Majesté. Ce haut personnage n'exigea pas moins de quatre mille livres d'honoraires, et un terme de deux ans [1]. Ces conditions, quoique dures, furent acceptées.

Le capital, représenté par les servis dûs au Chapitre de Belley (ou prieuré de La Motte), fut estimé, par la Commis-

---

[1] Archives communales de La Motte-Montfort. — Délibérations.

sion générale, 53.000 livres, et les intérêts annuels 2.123 livres. Le prieuré de La Motte-Montfort, faisant les fonctions du ministère paroissial, restait décimateur, c'est-à-dire continuait à percevoir la dîme, mais avec toutes les charges qu'elle entraînait, l'obligation de l'aumône aux pauvres. Cependant, comme conclusion du procès, au sujet de la dîme des légumes, le Conseil obtint un contrat de transaction, limitant ce droit à la seule dîme du froment, du seigle, de l'orge, de l'avoine et du vin de vignes basses. Cette perception sera désormais à la cote 21ᵉ : soit une gerbe sur 20, prise sur le champ, et un pot de vin sur 20, pris au pressoir.

* * *

La commune opérait pour ses administrés ; mais elle imposait chaque propriétaire d'une somme proportionnelle aux servis dont il était grevé. Elle chargea son procureur, Sébastien Berthier, de faire rentrer ces divers impôts.

La répartition entre chaque communier était plus longue que difficile. Voici comment l'on procédait. Tel propriétaire devait à un seigneur, comme servis ou contributions en nature, 2 vaissels de blé, 3 quartans d'avoine, 5 poules (ou gallines) et 2 coqs. L'on estimait le blé, l'avoine, les poules, le coq, au prix moyen ; par exemple, 22 livres le froment, 5 livres l'avoine, 9 livres poules et poulets (telle était la valeur commerciale de ces produits, à cette époque) ; total 36 livres. Cette somme représentait l'intérêt au 4 % d'un capital. L'on cherchait ce capital qui, dans le cas, était 900 livres. Le propriétaire du fonds pouvait s'affranchir de ces servis, en fournissant au seigneur, par l'intermédiaire de la commune, ces 900 livres.

Toutefois, les difficultés furent plus nombreuses qu'on ne les avait prévues, puisque l'affranchissement du fief de la Serraz, au prix de 3.306 livres, ne fut réglé qu'en 1788 ; celui du fief de Marc-Antoine Costa, marquis de St-Genix, comte du Villard et domicilié au Trembley, estimé 12.400 livres, ne fut soldé qu'en 1790. Les affranchissements de moindre importance, qui se poursuivaient péniblement, furent radicalement conclus par la Révolution.

Servolex

Servolex avait hâte, tout aussi bien que La Motte-Montfort, de s'affranchir des droits féodaux. Une première réunion générale des communiers fut tenue le 20 janvier 1765, au sortir des Vêpres, devant l'église du lieu. Etaient présents : Philibert Choirat, syndic, ses deux conseillers, Joseph Gerbat, Christophe Borbon, et la presque totalité des habitants. Lorsque le secrétaire communal, Bellemin, eut expliqué le décret royal sur l'affranchissement général des taillables, l'assemblée protesta et s'évanouit. Il ne resta, sur la place, que le syndic, ses conseillers et le notaire. Les communiers refusaient de s'imposer pour un ou deux taillables de seigneurs, et surtout pour les gros propriétaires, dont ils étaient les censiers.

L'année suivante, le 15 juin 1766, le Conseil demande à l'intendant général l'autorisation d'une nouvelle assemblée générale, qui traitera de l'affranchissement, non plus de la personne des taillables, mais de tous les servis et droits seigneuriaux qui pesaient lourdement sur la communauté de Servolex. Cette requête fut sans effet.

Le 11 septembre 1769, nouvelle instance auprès de l'intendant, motivée par les mauvaises saisons qui ne permettent plus de payer les servis. L'autorisation est enfin accordée. Le 12 novembre, l'assemblée générale est convoquée, en présence du sieur Maxime Richard, châtelain de la paroisse, Bellemin, secrétaire, Claude Domenget, syndic, Claude Chappot et Joseph Jeanton, conseillers.

« Les assistants, excédant les deux tiers des commu-
« niers, après mûre réflexion sur l'importance d'un affran-
« chissement général et extinction des fiefs et servis sus-
« dits, ont tous, d'une voix unanime, non seulement
« consenti, mais aussi requis qu'il y eut un traité fait avec
« les seigneurs de qui relèvent les susdits fiefs et servis ;
« et unanimement, ils ont délégué à cette fin spectable
« Charles Roche, avocat y présent et acceptant, au nom de
« la dite communauté, faire toutes les instances et incom-
« bances nécessaires, pour obtenir l'affranchissement.

« *Ont signé à l'original :*
« Srs Vissot, Roche, Dupasquier et Bellemin.
« Les autres n'ont pu signer, étant illettrés. »

Enfin, l'édit du 19 décembre 1771 vint appuyer, de sa force légale, ces légitimes réclamations. L'affaire fut rapidement menée, si bien qu'en 1776, la paroisse de Servolex était à même de régler son affranchissement. Les habitants avaient mis tant d'ardeur à solder leur part contributive, que la caisse des affranchissements, tous servis payés ou réservés, possédait quelques reliquats qui furent affectés aux réparations urgentes de l'église et du presbytère. L'on traita individuellement avec chacun des intéressés.

« Le 11 mai 1774, par-devant Jean-Pierre Rippert, notaire royal, se constitue Pierre-Marc Dupuy, en qualité d'économe royal des biens du collège des Jésuites supprimé, et du prieuré du Bourget (annexé à ce collège en

1585), afin de convenir, de bon gré, du prix de l'affranchissement. A l'acceptation des sieurs Pierre Vissot et Charles Roche, députés de la communauté de Servolex, le notaire royal affranchit, éteint et abolit, en faveur de Servolex, et de tous les particuliers, tant habitants originaires que forains, tous droits de fiefs, domaines directs, servis, plaids, hommages réels et personnels, et autres droits seigneuriaux, dépendant de la rente et fief du prieuré du Bourget... et moyennant le prix et somme de 5.000 livres. Ladite communauté s'engage à payer ladite somme audit économe, après l'approbation du présent, avec intérêt, dès ce jour, au 4 %, de la manière qui sera déterminée. »

Anne-Marie Le Blanc, veuve Pacoret, demoiselle Rose Perrier, veuve Roche, noble François-Eugène Vissot, chanoine de la Sainte-Chapelle, Jean Dupuy, architecte, Prosper-François Landoz, Amédée Canton et Claude Favre, tous bourgeois de Chambéry, possédaient à eux seuls les 6/7ᵉ du territoire de Servolex. Ils fournirent les 5.000 livres, capital d'affranchissement, se réservant le recours contre les quelques autres bénéficiaires. L'avocat Charles Roche fut chargé de payer la somme due, aux échéances déterminées par Henri Mongis, trésorier général pour Sa Majesté. (Voir aux *Pièces justificatives*, N° 9, le cottet de répartition relatif à cet affranchissement.)

Les autres servis étaient de moindre importance. Au Chapitre de Belley il était dû 9 quartans de froment, 2 quartans 1/2 de seigle, 1/2 d'avoine et 2/3 de pot de vin. Le marquis de la Serraz avait droit annuel à 4 quartans de froment, une demi-poule, 42 deniers viennois et 6 deniers forts. Le seigneur de Sᵗ-Oyen de La Motte, à 4 quartans de froment; le curé de Saint-Sulpice, à 7 quartans de froment ; le seigneur de Candie, à 4 poulets et à 81 deniers viennois ; l'hôpital de Saint-François de Chambéry, à 7 quartans 1/3 de froment (1).

Le tout fut évalué à très bas prix ; le froment à 6 livres le veissel, le quartan de seigle à 1 livre 1/2, le veissel d'avoine à 1 livre et 10 sols, le pot de vin à 2 sols, les poules à 4 sols la pièce, le poulet à 3 sols. Ces prix de rachat étaient très inférieurs aux prix réels. Ainsi, le froment, de 1740 à 1747, s'était maintenu à une moyenne de 10 livres le veissel ; de 1747 à 1751, il avait atteint 16 livres. Dans les années suivantes, il était revenu à 10 livres ; mais, dans les années mauvaises, il était coté de 18 à 19 livres le veissel.

* * *

Deux possesseurs de fiefs n'avaient point répondu à l'appel du Conseil municipal de Servolex, qui prétendait solder ses dettes et passer quittance. C'était Rd Guillaume Pierron, curé de Saint-Sulpice, et l'administrateur des Hospices de Saint-François et de Maché.

L'huissier Masset se présente au domicile de Rd Pierron qui se trouve absent. L'exploit est livré aux mains de Mlle Pierron, sœur du curé, par lequel exploit ce dernier est cité devant le sénateur comte Landoz. Le Rd curé attend paisiblement, en son presbytère, que le sieur Masset lui apporte le capital de son fief.

---

(1) Archives notariées de feu le comte Marin, et Délibérations municipales.

*

L'œuvre principale était accomplie, mais des conséquences imprévues soulevèrent des orages.

Un procès, fort curieux, fut intenté à la paroisse de Servolex par le Chapitre de Belley, représenté par le prieuré de La Motte-Montfort. L'on prétendait astreindre les R^{ds} chanoines du prieuré, qui demeuraient décimateurs à La Motte et possesseurs de fondations pieuses, aux mêmes aumônes qu'avant l'affranchissement ; et ces aumônes n'étaient pas de mince importance. Un décret du Sénat les avait fixées à 150 veissels, moitié seigle, moitié orge, Ce chiffre parut exorbitant au Chapitre qui produisit immédiatement une requête au dit Sénat. Voici les griefs allégués :

1er grief. — « Servolex prétend avoir droit à une part de ces aumônes. Cela ne peut être, par cela même que le curé de cette paroisse est décimateur, et dépend du prieuré de Saint-Chef. Le droit à la dîme entraîne pour lui, ou pour le prieuré dont il dépend, le devoir de l'aumône, dans sa paroisse. Les pauvres de Servolex sont aussi étrangers au prieuré de La Motte que les pauvres de la Martinique. Ils ont leur église, leur prieur, leur décimateur, chargés du soin de leur assistance. »

2e grief. — « Dans l'estimation de la quantité d'aumônes à distribuer, l'on est parti de ce principe faux, que cette aumône doit être distribuée à tous ceux qui se présentent, à quelque paroisse qu'ils appartiennent. Or, trois arrêts du Sénat ont reconnu, comme juste, l'exclusion des riches. Servolex, d'autre part, ne payant au Chapitre aucune dîme, ne doit point participer à cette distribution ; car c'est la dîme seule qui est le patrimoine de l'Eglise. Etant donné que, par accord et contrat passé, le prieuré de La Motte ne doit l'aumône qu'aux pauvres de sa paroisse et de Bissy, il prie le Sénat de vouloir bien limiter la somme de blé à distribuer au maximum de 81 veissels et demi, quantité largement suffisante à cette obligation, durant le Carême. »

Enfin, les chanoines de notre prieuré se plaignent amèrement d'avoir été, jusqu'à ce jour, honteusement exploités. Il conste, en effet, d'après leur supplique, qu'à chaque jour du Carême, ils distribuent un morceau de pain de six onces à 6 et 700 pauvres ; le dimanche, à plus de 1.500.

Le Conseil de Servolex ne se laissa point toucher par ces plaintes ; il maintint les prétendus droits de la communauté. Qu'en advint-il ? Nous ne savons.

Nous sommes en 1790. La paroisse s'est affranchie de tous les droits seigneuriaux. Un seul possesseur de fief ne s'est pas présenté : la Grande-Chartreuse. Ses droits, en effet, sont insignifiants ; le capital a été estimé 5 livres. La Municipalité, cependant, veut en avoir la conscience nette. Pour se mettre à l'abri de toute réclamation future, elle adresse à la délégation générale la requête que voici :

« Supplie humblement la communauté de Servolex, disant qu'en vertu du décret de la délégation générale du 3 août 1775, elle a fait notifier aux seigneurs possédants fiefs y nommés, et à tous autres inconnus prétendant droits féodaux, rière cette paroisse, sa résolution d'affranchir de ces droits les personnes et biens de son territoire ;

« Attendu qu'aucun autre état que ceux cités plus haut n'a été remis, l'on requiert à ce qu'il vous plaise, nos seigneurs, vouloir déclarer tous possesseurs de fiefs inconnus, qui n'ont pas remis leurs états dans le terme fixé, déchus pour toujours de leurs droits de fiefs et emphytéoses, qu'ils pouvaient prétendre sur les personnes et les biens de la dite communauté recourante ; leur imposer silence perpétuel ; à l'égard des R^{ds} religieux de la Grande-Chartreuse, le contrat d'affranchissement soit tenu pour passé, au moyen de la somme de 5 livres, à laquelle a été fixé le prix de leur fief.

« *Signé :* BERTHIER, secrétaire. »

TENEUR D'ARRÊT

« La délégation générale, ouï le rapport, a déclaré et déclare tous prétendants droits féodaux, au préjudice de la commune de Servolex, lesquels n'ont pas comparu, privés et déchus pour toujours de leurs droits de fiefs, et leur a imposé et impose silence perpétuel. Ordonne, en conséquence, que le présent arrêt sera lu, publié et affiché dans la paroisse de Servolex, au lieu et à la manière accoutumée. »

PUBLICATION

« L'an que dessus (1790) et le 23 mai, jour de dimanche, je, huissier soussigné, certifie m'être transporté de Chambéry, ma demeure, jusqu'au lieu et paroisse de Servolex, distant d'une lieue ; et, au devant de la grande porte de l'église du dit lieu, où, à l'issue de la messe paroissiale et autres offices divins, le peuple était dûment assemblé, et au plus grand concours d'iceluy, après avoir battu sur le fond d'un seau, à défaut de tambour et de trompe, à la manière accoutumée, j'ai, à ma haute et intelligible voix, lu et publié l'arrêt ci-devant, et ay affiché copie d'iceluy au mur de face du clocher, qui est au-dessus de la dite porte, lieu accoutumé à mettre les affiches, après en avoir fait lecture à ma haute et intelligible voix, c'est-à-dire au pilier du clocher (¹).

« *Signé* : Perronnet. »

Ainsi s'opéra cette révolution pacifique. Résolue sans heurt, avec le concours simultané du pouvoir et du peuple, elle n'apparaissait point comme le prélude du bouleversement européen que devait être la Révolution française. Et cependant, cette émancipation légitime y préparait les esprits.

---

(1) Archives de feu le comte Marin.

LIVRE II

LA MOTTE-MONTFORT ET SERVOLEX
pendant et après la grande Révolution

CHAPITRE PREMIER

Les Débuts de la Révolution en Savoie

Le Département du Mont-Blanc

Quelques notions générales sont nécessaires, pour comprendre le mouvement révolutionnaire qui agita l'Europe, et se répercuta jusque dans nos petites communes rurales.

Il est juste d'admettre que l'état miséreux et précaire, où vivait le peuple avant 1789, l'avait préparé à une évolution sociale, à un certain équilibre des classes qui n'existait pas. Cette amélioration avait débuté par les affranchissements, opérés sans secousse appréciable. Quelques apparitions d'huissiers, quelques procès avaient seuls marqué le pas. Pourquoi ce progrès ne s'est-il point poursuivi avec le même calme, la même union des volontés ?

Répondre à ce pourquoi, c'est dénoncer les causes de la Révolution, chose extrêmement complexe, difficile, et hors du cadre que nous nous sommes tracé.

Les abus de l'ancien régime ont été, sans nul doute, le principal sujet du mécontentement populaire ; encore pouvait-on y remédier sans remuer les bases de la société. Mais il y avait un autre agent qui, depuis plus d'un demi-siècle, minait l'état social avec une persévérance diabolique et les intentions les plus perverses. C'était la philosophie antireligieuse de Voltaire, de Rousseau, de Condillac, de Volney et autres, instruments puissants de la Franc-Maçonnerie.

Or, détruire dans les âmes la religion et sa morale, c'est déchaîner les passions et les appétits brutaux. L'on posait la cause, les effets s'ensuivront nécessairement.

Ces esprits malfaisants trouvèrent, dans leurs futures victimes, des complices. L'aristocratie prit goût à cet esprit sceptique, libertin et frondeur. Comme elle était désœuvrée, elle occupa son temps à philosopher en l'air, comme Rousseau, et à ricaner contre l'Eglise, à la manière de Voltaire, sans prévoir les conclusions radicales que la foule simpliste en tirerait, sans soupçonner qu'elle travaillait pour le compte de ses pires ennemis (¹).

La Franc-Maçonnerie était à la mode. Pour tromper les naïfs, elle affichait la croyance à la divinité. En tête de ses diplômes, on lisait, en grandes lettres, cette adresse : *A la gloire du Dieu suprême, Grand-Maître de l'Univers* (²). Et ces imprudents, nobles, princes et rois, envahissaient les temples de la Veuve. Ils payeront de leur tête leur incroyable légèreté. A ceux-là, la philosophie voltairienne promettait la morale libre, et l'indépendance de l'esprit à

---

(1) Nous parlons de la noblesse de France et de cour (Voir Taine : *L'Ancien Régime*). La noblesse de Savoie était d'un niveau moral et religieux bien supérieur.

(2) Nous avons sous les yeux le diplôme d'un franc-maçon de Servolex, daté de 1784.

l'égard des dogmes religieux, et cela leur suffisait. Au peuple, elle promettait, avec cette liberté, l'égalité et la fraternité, des mots qui hurleront dans le contraste effrayant de la réalité.

La Révolution prit naissance, à Versailles, le 4 mai 1789. Les Etats Généraux, composés de 620 députés du Tiers-Etat, de 270 de la noblesse et de 300 du clergé, se réunirent dans l'église de Notre-Dame, de cette ville, et délibérèrent en souverains sur la situation du royaume et les moyens à prendre pour remédier aux graves nécessités du moment. Le pouvoir absolu du Roi était brisé.

Quelque temps après, le 4 août, l'Assemblée s'établit en Constituante, proclama les droits de l'homme, l'égalité des impôts, l'égalité des droits aux charges, la destruction des privilèges et le rachat de la dîme. Telle fut l'œuvre accomplie durant la fameuse nuit du 4 août.

Et, pendant ce temps, le peuple est agité par des meneurs ; le roi devient le jouet de la foule.

Le 9 novembre de cette même année 1789, le clergé est dépouillé de tous ses biens, qui sont déclarés propriété de l'Etat. C'est le moindre mal. La Constituante nomme un comité chargé de réformer l'Eglise. On impose au clergé une constitution civile, à laquelle il prêtera serment.

Par cette fameuse constitution civile du clergé, l'on réduit le nombre des évêchés, l'on supprime les Chapitres, les abbayes, les prieurés et tous les bénéfices. L'on décrète que les évêques seront nommés par les électeurs du département, les curés par les électeurs des communes ; que, sans besoin de recourir à Rome, les évêques seront institués par le métropolitain. Les curés pourront choisir leurs vicaires sans l'approbation de l'évêque, etc.....

L'on brisait ainsi toutes les relations de l'Eglise de France avec le Pape. L'on constituait une Eglise nationale, indépendante, et, par là, anticatholique, schismatique ; et l'on donnait un terme de huit jours, aux évêques et aux prêtres, pour prêter serment de fidélité à ces décrets, sous peine de destitution.

En 1791, l'on voit apparaître sur la scène politique l'horrible triumvirat : Danton, Marat, Robespierre, qui dirigera les affaires de France et règnera par la terreur. Louis XVI, arrêté à Varennes, est enfermé au Temple, en attendant de monter à l'échafaud (le 21 janvier 1793). En 1792, l'Assemblée législative se transforme en cette Convention nationale qui, jusqu'en 1795, accumulera crimes sur crimes, et inondera la France de sang.

Les châteaux sont assaillis, la noblesse en grande partie s'exile, ses biens sont déclarés nationaux. On proclame la République, Une, Indivisible et Impérissable. C'est le signal du massacre des prétendus réactionnaires. Ceux qui n'applaudissent point à ces boucheries humaines sont traités de suspects, mis en prison, exilés ou guillotinés. Les prêtres, religieux, évêques, qui refusent le serment constitutionnel, sont condamnés à la déportation. C'est la réalisation ironique de la devise : Liberté, Égalité, Fraternité.

Cependant l'Europe, pour sauver la royauté française et arrêter l'anarchie qui menace les frontières, se lève contre la France. Brunswick et le roi de Prusse marchent sur Châlons. A cette nouvelle, Danton se fait donner tout pouvoir par l'Assemblée, et se venge sur les honnêtes gens. 1.500 suspects sont arrêtés et emprisonnés ; la plupart monteront à l'échafaud (1792). Cette France, déchirée à l'intérieur par une troupe de bandits, se montre héroïque contre les envahisseurs. Des généraux improvisés, à la tête de recrues levées à la hâte, battent et repoussent, au-delà des frontières, les plus vieilles troupes d'Europe. La République ne se contente point de parer les coups, elle rêve des conquêtes.

Réunion de la Savoie à la France

En septembre 1792, Montesquiou envahit la Savoie, marche sur Montmélian, chasse devant lui les troupes sardes. Le 28 de ce mois, il fait son entrée triomphale à Chambéry, convoque aussitôt une assemblée, et fait acclamer la réunion de la Savoie à la France. Le mal n'eut point été grand si la tyrannie jacobine n'eut introduit, dans notre pays, ses stupides pratiques gouvernementales; mais il faudra en subir les horreurs.

Après cette invasion, la Convention française envoie à Chambéry trois commissaires : Dubois-Crancé, Lacombe St-Michel et Gasparin. Le 21 octobre, les députés communaux, réunis en assemblée plénière, votent la réunion de la Savoie à la France, et prêtent le serment *d'être fidèles à la nation, de maintenir la liberté et l'égalité, ou de mourir en les défendant.* Le Sénat de Savoie, si grave, se prête à cette comédie ; puis, les députés se constituent en Assemblée nationale des Allobroges.

Trois jours après, dans la fameuse séance du 26 octobre, l'Assemblée Allobroge, jalouse des lauriers de la Constituante française, proclame la confiscation des biens du clergé, séculier et régulier, biens ruraux, maisons, créances, argent, titres, séminaires, églises, ornements et vases sacrés. Par le même décret, elle interdit aux communautés religieuses de recevoir des novices et de faire des vœux. Elle supprime le casuel ecclésiastique et les dîmes. Elle alloue, toutefois, aux curés des petites paroisses, un traitement de 900 livres, de 1.200 à 1.500 livres aux curés des bourgs et des villes, et aux vicaires, une allocation de 700 à 800 livres.

Dans cette même séance, elle prononce la confiscation des biens de tous les émigrés qui ne seront point rentrés avant deux mois. Le lendemain, elle déclare l'abolition de tous les titres de noblesse, de tous les privilèges, de toutes les distinctions et de tous les droits féodaux. Elle clôture enfin ses assises par la nomination d'un comité provisoire chargé d'exécuter ses décrets.

On ne chôme point. Le 31 octobre, la Commission nomme des délégués qui vont, sur-le-champ, procéder à l'inventaire de tous les biens ecclésiastiques et maisons religieuses de Savoie.

Pendant ce temps, la Constituante avait décrété la réunion de la Savoie à la France, sous le nom de département du Mont-Blanc.

Pour organiser ce dernier à l'image des autres départements français, elle envoie à Chambéry quatre commissaires : les citoyens Simon, Grégoire, Hérault de Séchelles et Jagot ; le premier, prêtre apostat, natif de Rumilly ; le second, évêque constitutionnel, ancien député à la Convention ; le troisième, avocat révolutionnaire, natif de Paris ; le quatrième, inconnu jusqu'alors.

Le 15 décembre 1792, ces quatre délégués prennent en mains le pouvoir, et inaugurent leur régime despotique par la persécution religieuse. Le 8 février 1793, ils publient un décret par lequel ils réunissent, de leur propre autorité, les quatre diocèses de Savoie en un seul, dont le siège sera Annecy, et qui se nommera *diocèse du Mont-Blanc*. Ils proclament obligatoire la Constitution civile du clergé. La nomination du nouvel évêque sera faite par les électeurs du département, celle des curés par les électeurs du district. Les prêtres, en fonction, reçoivent l'ordre de prêter, dans les huit jours, le serment de *veiller avec soin sur les fidèles de la paroisse qui leur est confiée, de maintenir la liberté et l'égalité, ou de mourir en les défendant.* S'ils refusent, ils ont huit jours pour sortir du département, quinze jours pour quitter le territoire de la République, sous peine de déportation à la Guyane française.

Ce serment est insidieux, perfide. Superficiellement jugé, il apparaît insignifiant, grotesque; revêtu de ses circonstances, il est l'acceptation de la constitution civile du clergé.

La grande majorité des prêtres du diocèse se refusèrent à toute compromission, et partirent pour l'exil. Quelques-uns prêtèrent le serment, sans en comprendre la portée ; d'autres se soumirent, par faiblesse, devant la perspective désolante de l'exil en pays inconnu et sans moyen de subsistance. Il en fut, cependant, qui, entrés sans vocation dans l'état ecclésiastique, profitèrent de ces décrets pour en sortir bruyamment.

Revenons au Gouvernement provisoire du département du Mont-Blanc. Les quatre commissaires de la Révolution avaient été réduits à deux : Simon et Dumas. Moins nombreux, ils n'agissaient qu'avec plus d'omnipotence.

L'Assemblée nationale des Allobroges, le Conseil général et les syndics de Chambéry n'étaient que des valets, qui couvraient de leurs noms les actes despotiques des deux délégués. Ces représentants de la Convention avaient établi un tribunal révolutionnaire qui, heureusement, au début de ses fonctions, manifestera plus de modération que ses sectaires pourvoyeurs.

A la fin de l'année 1793, les biens confisqués aux nobles, aux églises, aux couvents, furent vendus aux enchères. Des acquéreurs peu délicats se procuraient, à bas prix, du papier monnaie, des assignats, émis par la République aux abois et grandement dépréciés, et achetaient, pour des sommes insignifiantes, de belles propriétés.

Dès la fin de 1793, nos églises furent dépouillées de leurs vases sacrés, qui, sur-le-champ, étaient transportés à Chambéry, et livrés au citoyen Besson, receveur du district. Cette opération fut rapidement terminée à l'arrivée du trop fameux Albitte, émissaire de la République, qui succédait seul aux deux délégués Simon et Dumas, rappelés à Paris.

Au début de 1794, la Révolution se proposa l'abolition de tout culte religieux. Le 8 février, au milieu de l'église-cathédrale de Chambéry, l'on dressa un autel à la déesse Raison ; et le président du Comité républicain prononça un discours plein d'athéisme, à la suite duquel on prêta le serment que voici : *Nous jurons de maintenir l'égalité, la liberté, de vivre libres... et de n'avoir d'autre culte que celui de la Raison.*

Le 30 janvier 1794, Albitte, en route pour la Savoie, avait adressé au Directoire de Chambéry trois arrêtés, avec ordre de les exécuter aussitôt :

Le 1er prescrivait la démolition immédiate des châteaux-forts, forteresses et autres monuments de la féodalité ;

Le 2e déterminait la conduite à tenir à l'égard des prêtres assermentés et non assermentés ; pour ces derniers, la déportation ;

Le 3e débutait par une profession d'athéisme : « Considérant que le peuple français ne reconnaît aucun culte privilégié, etc... », puis se développait en quelques articles d'un rare cynisme. Il déclare tous les bâtiments, terres et matériaux, à l'usage d'un culte quelconque, propriété de la nation. Il ordonne que tous les objets et signes religieux qui se trouvent dans les églises, sur les routes et places publiques, soient, sans délai, enlevés et détruits ; que tous les ornements, vases d'or et d'argent, des églises et chapelles, soient transportés, dans la quinzaine, au dépôt du district. Il prescrit aux Comités révolutionnaires de descendre les cloches, de les briser, de les transporter à la fonderie, et de démolir les clochers.

Le Directoire du département, le Conseil général, les conseils des districts, se mettent à l'œuvre, en obéissants serviteurs, et la Savoie se couvre de ruines. L'élite de la canaille se mêle à l'action ; elle va, de paroisse en paroisse, réchauffer le zèle révolutionnaire, ou secouer la torpeur des indécis.

Pendant ce temps, les prisons de Chambéry se remplissent de suspects, nobles, prêtres, honnêtes gens de toutes classes.

Ce régime de la Terreur fut heureusement court en Savoie. A Paris, les principaux jacobins, Danton le premier, étaient montés à l'échafaud ; Robespierre lui-même avait été mis hors la loi, puis guillotiné le 28 juillet 1794. Sa fin fut un soulagement universel. Cependant la persécution religieuse et les lois d'exception resteront en vigueur de longues années encore.

CHAPITRE II

La Motte-Montfort et Servolex
de 1792 à 1794

Nous sommes à la fin de l'année 1792. La Savoie conquise est organisée sur le modèle des autres départements français. Elle possède une Assemblée nationale qui élabore des lois et décrets, sous l'inspiration des commissaires de la Convention française.

Le 8 décembre de cet an Ier de la République Une, Indivisible et Impérissable, les citoyens de La Motte-Montfort, dûment convoqués, se réunissent dans l'église paroissiale, à deux heures de l'après-midi, pour procéder, en exécution des décrets de l'Assemblée nationale des Allobroges, à l'élection des nouveaux officiers municipaux.

170 électeurs sont présents, les scrutateurs à leur poste. Un premier scrutin nomme président du bureau le citoyen Humbert Richard ; un second donne la majorité relative des voix au citoyen Michel-Antoine Burnier, notaire public, qui est proclamé secrétaire. Les deux élus, en présence de l'assemblée, prêtent serment de fidélité à la Nation, à la Liberté, à l'Egalité. Les citoyens présents lèvent la main et répondent, à la formule lue par le président, par ces mots : *Je le jure*.

Le bureau est constitué aux personnes de Humbert Richard, Michel Burnier, Noël Menoud, Jean Morat et Jacques Guillermin dit Manoye. Il fait nuit ; l'assemblée est dissoute et convoquée pour le lendemain, à une heure de l'après-midi, au même local, à l'église.

LIVRE II. — PENDANT ET APRÈS LA GRANDE RÉVOLUTION 121

Le jour suivant, les opérations furent longues. Une troisième séance fut jugée nécessaire et fixée au 10 décembre. Elle donna les résultats suivants :

Furent nommés les citoyens :

Noë Morat, *maire.*

André Burnier, *procureur de la commune.*

Benoît Richard,
Barthélemy Guétaz,
Claude Choulet-Janon,
Charles Bollon-Quindiet,
Joseph Sevez,
Jean Morat,
François George,
Joseph Roux dit Corbel,
} *officiers municipaux.*

Noë Menoud,
Claude Pacoret,
Claude Passieu,
Pierre Sulpis,
} *adjoints.*

Michel-Antoine Burnier, *secrétaire.*

Tel fut le premier acte public, en apparence légal, par lequel la commune de La Motte-Montfort entra dans la Révolution. Elle va en suivre pied à pied, sans enthousiasme, mais aussi sans recul, les phases diverses, jusqu'à l'aberration.

Le Conseil municipal ne chômera point. Les séances se suivront nombreuses, longues et agitées, pénibles surtout à ces consciences chrétiennes, obligées, par la terreur, d'exécuter les monstrueux décrets du Directoire révolutionnaire.

Dans sa réunion du 6 janvier 1793, le Conseil constate avec peine que les mœurs de la Révolution envahissent la commune On vient lui annoncer des déprédations commises à Montaugier, dans la propriété et la maison du citoyen

Pacoret le second, cy-devant de St-Bon, officier dans l'armée sarde. Effets, mobilier, outils, bétail, sont journellement enlevés.

Cette constatation n'empêche point le procureur de la commune de requérir, dans cette même séance, les officiers municipaux, à l'effet de procéder incessamment à l'inventaire de tous les biens du clergé, tant séculier que régulier, et, même, des confréries qui existent sur le territoire de la Municipalité. — Le tout doit être fait, en exécution du décret de l'Assemblée nationale des Allobroges. Le Conseil commet, pour y procéder, le citoyen François George, officier municipal, et le secrétaire de la commune, Michel-Antoine Burnier.

Les commissaires de la Convention avaient, par décret du 13 janvier de cette même année 1793, ordonné de nouvelles élections municipales. Les résultats du scrutin du 8 décembre n'avaient pas répondu à leur attente ; ils n'étaient pas assez teintés de vrai républicanisme.

Le Conseil de La Motte-Montfort prie le citoyen (*sic*) Pierre-François Sardes, curé de la paroisse, d'annoncer au prône la réunion des électeurs ; ce qui fut fait. Le même formalisme est observé : prestation du serment par les membres du bureau, puis par l'assemblée. Le scrutin donne les résultats suivants. Sont nommés :

    Noë Morat, *maire.*
    Pierre-André Burnier, *procureur communal.*
    Jean Morat,
    Benoît Richard,
    Charles Bollon,   *officiers municipaux.*
    François George,
    Joseph Roux,
    Michel-Antoine Burnier, *secrétaire.*

L'on procède ensuite à l'élection de douze notables, qui, avec les précédents, constitueront le Conseil général de la commune, lorsqu'ils seront convoqués à cet effet. Sont élus :

    Jean Bertrand,
    Noë Menoud,
    Joseph Sevez,
    Joseph Choulet dit Suisse,
    Claude Yvroux,
    Jean Lovel,
    Joseph Grandjean,
    Jean-Louis Cattin,
    Jean Ducruet,
    Barthélemy Guétaz,
    Jacques Clerc,
    Claude Passieu.

La séance avait brusquement fini, à dix heures du soir, par l'exode des citoyens lassés. Les formalités n'avaient pas été épuisées. Le 27 janvier, les électeurs sont de nouveau convoqués pour entendre proclamer les élus du suffrage, et assister à la prestation du serment de *maintenir la Liberté et l'Egalité, ou de mourir en les défendant.*

Ainsi fut constitué le Conseil général de La Motte-Montfort.

* *

Servolex suit, pas à pas, sa grande voisine, mais elle est plus calme : l'agitation étant généralement en raison directe de la masse.

Le 30 novembre (1792), les citoyens de la dite paroisse sont réunis dans leur église, et procèdent, selon les instructions de l'Assemblée des Allobroges, à l'élection des officiers municipaux. Tous les électeurs sont présents, même R^d Jean-Antoine Arbarêtier, curé du lieu.

François Caille est nommé président du bureau, et François-Marie Bellemin, secrétaire. Ils prêtent le serment obligatoire ; les assistants répondent à la formule par : *Je le jure ;* puis les opérations commencent.

Sont nommés :

Joseph Borbon-Choirat, *maire.*

Jean Berthet, *procureur de la commune.*

Joseph Curial,
Joseph Domenget,
Antoine Choulet,
François Basset, } *officiers municipaux.*

Michel Chevron,
Claude Buffet,
Christophe Basset, } *adjoints.*

Et ces braves officiers municipaux et adjoints de prêter, devant l'assemblée des électeurs, le serment de remplir fidèlement les fonctions qui leur sont confiées.

Travail inutile. Le 28 janvier de l'an II de la République Une, Indivisible et Impérissable, le scrutin est de nouveau ouvert, en exécution des récents décrets des commissaires de la Convention, pour la nomination d'une nouvelle Municipalité. Les électeurs se réunissent à l'église, sous la présidence d'Antoine Salomon. Après l'inévitable prestation du serment de *défendre l'Egalité, la Liberté, ou de mourir en les défendant,* on procède à l'élection.

Sont nommés :

Le citoyen Joseph Choirat, *maire.*

Le citoyen Jean Berthet, *procureur de la commune.*

Le citoyen Claude-François Bellemin, *secrétaire.*

Notables :
Les citoyens Claude Basset,
Joseph Domenget,
Joseph Curial,
Joseph Choulet,
Joseph Silvestre,
Antoine Choulet.

Et voilà que, devant les électeurs réunis, ces officiers municipaux et notables prêtent le serment de défendre l'Egalité, la Liberté, ou de mourir en les défendant.

Ainsi fut constitué le Conseil général de Servolex.

Le 31 octobre 1792, le Comité révolutionnaire de Chambéry avait ordonné l'inventaire des biens religieux, meubles et immeubles. Plus pressé que le Conseil de La Motte (qui attendra un rappel à l'ordre), les officiers municipaux de Servolex s'attachent, ce jour même, 28 janvier, à cette triste besogne, en présence du curé Arbarêtier. (Voir le résultat de cet inventaire, aux *Pièces justificatives*, N° 10.)

Le 24 février (1793), à l'issue de la messe paroissiale, en présence du citoyen Joseph Choirat, maire, des officiers municipaux et notables et du peuple assemblé, R^d Antoine Arbarêtier, curé du lieu, prêta le serment constitutionnel *« de veiller avec soin sur les fidèles de la paroisse qui lui est confiée, et de maintenir la Liberté et l'Egalité, ou de mourir en les défendant. »*

* * *

Le même jour (24 février), à la même heure, dans l'église de La Motte-Montfort, une scène semblable se passait. « A l'issue de la messe, en présence du Conseil général de la commune et des fidèles, en exécution du décret des commissaires de la Convention, le citoyen *(sic)* Jean-François Gotteland, natif du Petit-Barberaz, prêtre, vicaire du présent lieu, a prêté le serment de remplir ses fonctions avec exactitude, de *maintenir la Liberté et l'Egalité, ou de mourir en les défendant*, et a requis acte.

« *Signé :* GOTTELAND, vicaire. »

Ce serment, d'une fréquence absurde, d'une banalité exaspérante, pouvait ne paraître qu'insipide dans la bouche des fonctionnaires ; il répugnait à la dignité du prêtre.

Le décret, qui l'imposait au clergé, débutait par l'organisation civile du diocèse du Mont-Blanc ; il proclamait la rupture des relations avec le Pape. Dès lors, il était facile de percevoir, sous cette forme insidieuse, les intentions perfides des commissaires. On ne devait pas le prêter.

Le vicaire Gotteland fut-il surpris dans sa bonne foi ? Sa conduite, édifiante jusqu'alors, le laisserait croire ; la suite nous permet d'en douter. Il reconnut bientôt l'autorité du citoyen Panisset, évêque schismatique du Mont-Blanc, puis devint révolutionnaire exalté. Il sombra en 1794, déposa ses titres de prêtrise, donna sa démission de vicaire, et sollicita de la commune un emploi qui lui fut refusé.

Après la Révolution, le prêtre Gotteland fut hospitalisé chez le curé de Curienne. Il manifesta un repentir sincère, fit amende honorable, en public, du scandale qu'il avait donné.

Plus tard, sous le ministère paroissial de R^d Dunoyer, il se présenta un soir, pendant la messe de Minuit, dans l'église de La Motte ; et là, devant le curé et les fidèles réunis, à genoux, il renouvela son amende honorable. Il fixa sa demeure à Chambéry, y créa une petite école, et mourut en 1842, âgé de 75 ans.

Durant cette même séance du 24 février 1793, R^d Pierre François Sardes, chanoine-curé, devait prêter serment à la Constitution. Le Conseil l'attendit en vain ; une indisposition, quelque peu diplomatique, le retenait à la cure. Sur réquisitoire du procureur communal, les citoyens Noë Morat, maire, et François George, conseiller, sont députés auprès du citoyen-curé pour reconnaître son indisposition, et en faire incontinent un rapport.

R^d Sardes était en effet alité. Il répondit aux délégués qu'il était prêt à donner les preuves de son civisme. Le 3 mars, nouvelle apparition du citoyen-maire au presbytère : le curé-chanoine était encore alité.

Le 8 mars, R^d Sardes, convalescent, incapable toutefois de se rendre au greffe de la Municipalité, avertit, par lettre, le citoyen Noë Morat de son intention ferme de prêter le serment civique, conformément à la loi. Deux jours après, un dimanche, à l'issue de la première messe, en présence du Conseil général et des fidèles assemblés, le R^d curé prêta, en effet, le ridicule serment. Ce fut un acte de faiblesse, qui fut grandement réparé dans la suite.

Pierre-François Sardes de la Forest était originaire de la Villette, hameau de La Motte. Devenu chanoine de Belley, il fut nommé, en 1791, curé de sa paroisse natale.

* *
*

Les municipalités de La Motte-Montfort et de Servolex agissaient-elles de bonne foi, et avec la conscience d'un devoir à remplir, lorsqu'elles exigeaient de leurs prêtres, au nom de la loi, le serment civique ? Peut-être. Le fait suivant le prouverait. Le 7 avril de cette même année, sur la requête de quelques-uns de ses membres, le Conseil de

La Motte vote 50 livres pour la réfection d'une vieille croix, plantée au bas du chemin qui conduit à l'église. La raison, alléguée dans la délibération, est que *le service divin se trouve interrompu par le fait que la paroisse ne peut plus faire les processions usitées, au pied de cette croix*. L'irréligion n'était donc point son mobile. D'autre part, durant ces mêmes jours, il mettait toute son activité à rechercher, pour les remettre aux commissaires de la nation, les titres de propriété des biens ecclésiastiques, situés sur la commune. Singulière inconséquence, insuffisamment expliquée par le trouble des événements.

Des besognes, plus répugnantes encore, imposées par le Comité central, n'ouvriront pas les yeux de nos municipaux.

Le 21 avril (1793), une lettre du Directoire de Chambéry leur enjoint :

1° de lui transmettre des renseignements précis sur tous les prêtres résidant dans la commune ;

2° de lui communiquer les procès-verbaux propres à établir que les fonctionnaires du culte ont prêté ou refusé le serment requis ;

3° de lui expédier, à bref délai, les inventaires des biens de la Nation, des émigrés et des cy-devant ecclésiastiques ;

4° de lui fournir la note de tous les émigrés et *de tous les cy-devant nobles et autres cy-devant* (sic), *domiciliés dans la cy-devant Savoie, qui se trouvent au service du Roi sarde ;*

5° Il ordonne, en outre, au secrétaire, de procéder au séquestre de tous les biens meubles et effets des cy-devant nobles ; à l'inventaire et au séquestre de tous les biens meubles et effets des cy-devant confréries et corporations séculières quelconques.

ANCIEN CHATEAU SEIGNEURIAL
des Chevillard de St Oyen, comtes d'Ugines, barons du Bois,
seigneurs de La Motte et de Belmont.

Cet absurde galimatias n'était point pour amuser le Conseil. Les ordres sont précis, il faut les exécuter. La Municipalité nomme des délégués à ces différentes opérations.

Dans une séance du 5 mai, ces mandataires rendent compte, au Conseil général, du résultat de leur mission. Voici leur désolant rapport :

« Le 22 avril, ils se sont transportés au village de Montaugier, dans la maison du citoyen François Pacoret, cy-devant St-Bon, officier dans le régiment de Maurienne. Ils ont procédé à l'inventaire du peu de meubles, effets et fourrage qu'ils ont trouvés ; et ont chargé le citoyen Jean Buyrat d'en être le *gardiateur*.

« Ils se sont transportés ensuite chez la citoyenne Le Blanc, veuve Pacoret, cy-devant St-Bon, et, s'étant adressé au citoyen Benoît Gerbat, ancien domestique, serait survenue la Marie Châtelain, servante de la dite maison, qui leur aurait exhibé, de la part de ladite citoyenne Le Blanc, un mémoire démontrant que la plupart des meubles lui appartenaient, en suite du testament de spectable Claude Pacoret, son mari.

« Ils ont rencontré les mêmes difficultés à Ronjoux, chez le citoyen Aubriot, dit Lapalme.

« Ils ont fait ensuite l'inventaire des meubles, effets et bestiaux appartenant au citoyen Morand, cy-devant Montfort, tant à la Salle qu'à Villardmarin. Ils ont chargé le citoyen Pache, fermier du domaine de la Salle, de tous les effets et mobiliers, et lui ont défendu de payer la cense ni aucune dette, avant d'avoir reçu des ordres de la Municipalité.

« Ils ont chargé également le citoyen Blambert, fermier du domaine de Villardmarin, de tous les effets et meubles, et lui ont fait la même défense. Ils ont de même constaté de grandes déprédations dans le domaine du citoyen Morand, à la Salle. »

A la fin de la séance, pour secouer leur esprit, lourd de responsabilités, les municipaux votent un tambour et un drapeau tricolore au bataillon de la garde nationale de la commune.

* * *

Servolex, comme La Motte-Montfort, suivait le mouvement, et exécutait ponctuellement les ordres du Directoire révolutionnaire. Sa municipalité, toutefois, n'eut pas l'odieux de l'inquisition mobilière dans les maisons seigneuriales ; il n'y en avait pas sur son territoire.

La seule famille Vissot, de noblesse récente, avait été décrétée suspecte ; mais elle avait eu soin d'exiger du Conseil un certificat de civisme, qui la garantit des coups révolutionnaires.

Le 24 mars (1793), an II° de la République, les officiers municipaux, assemblés dans la maison commune, procèdent à l'*acensement* des biens de la cure. Treize bouts de bougie sont brûlés ; les mises sont portées à la somme de cent cinquante-quatre livres. A la quatorzième bougie, le citoyen (*sic*) Arbarétier, curé de la paroisse, monte la cense à cent cinquante-cinq livres. Elle lui est adjugée à ce prix, après que le citoyen Christophe Choirat se fut obligé, solidairement avec le curé, au paiement de la dite somme.

Le 7 juillet de cette même année, la Municipalité, réunie en Conseil général, fait acte de courageuse réaction. Les commissaires de la Convention l'avaient autorisée à nommer un receveur ou trésorier communal, ainsi qu'un officier public pour la tenue des Registres. Le premier emploi est attribué à Christophe Choirat ; le second, à l'unanimité, au citoyen-curé Arbarêtier. Ce pauvre pasteur, hélas ! ne répondra pas aux espérances des municipaux.

***

Dans l'étude de cette période révolutionnaire, ce qui frappe le plus, jusqu'à l'exaspération, c'est l'incohérence des idées du peuple, l'inconséquence flagrante entre ses sentiments intimes et les actes qu'il pose, avec une apparente conscience ; c'est sa passivité d'esclave, au milieu des proclamations de sa souveraineté.

A tout venant, l'on fait prêter serment de défendre la liberté ou de mourir pour elle : et les prisons de France et de Savoie sont trop étroites pour contenir ceux qui y sont condamnés, sans motif.

Les mots *Egalité* et *Fraternité* remplissent les bouches, et l'élite de la France est conduite à l'échafaud, comme un troupeau de moutons à l'abattoir, par une poignée de scélérats, gibiers de potence. Pour détourner l'attention du peuple de ces monstrueuses contradictions, l'on rase quelques tours, quelques pignons de châteaux, quelques clochers, sous prétexte qu'ils dépassent les toits des chaumières. Quels sinistres farceurs !!

Nous avons vu les commissaires de la Convention se substituer au Pape, et organiser, de leur seule autorité, le diocèse du Mont-Blanc. Le 16 juin (1793), le Conseil général de La Motte-Montfort, réuni au lieu de ses séances, se croit autorisé, lui aussi, à se mêler des affaires cultuelles. Il décrète qu'une sorte de sacristain, nommé *luminier*, sera choisi dans la paroisse, qu'il sera chargé de veiller au luminaire de l'église, de procurer le vin et les hosties du sacrifice ; qu'il entretiendra le linge, les ornements et les meubles du culte.

Cet arrêté contient un article admirable :

« Considérant que, dès lors que nous avons le bonheur
« de vivre sous le régime de l'Egalité, il ne doit pas être
« permis au riche de faire ostentation de ses richesses
« au préjudice de l'amour-propre du pauvre ; que tout
« individu qui vient au monde, ou qui meurt, est parfaite-
« ment égal..... En conséquence, il n'y aura plus de dis-
« tinction de classes, ni dans la sonnerie des cloches, ni
« dans le luminaire..... »

Et en conclusion, le Conseil prend soin de déterminer le nombre des cierges et leur grosseur, pour chaque cérémonie, pour chaque ordre de fêtes. Ces braves citoyens sont parfaitement renseignés sur la liturgie. Aucun détail cérémoniel des baptêmes, des mariages, des sépultures, des premières communions, et même des bénédictions de femmes, n'échappe à leur vigilance : tout est prévu. Le curé n'aura rien à voir en ces choses ; c'est le luminier qui sera le grand-maître et l'organisateur des cérémonies. C'est la mise en action du principe révolutionnaire : renverser l'ordre des facteurs ; mettre à bas ce qui est en haut, et mettre en haut ce qui est en bas, sans considérer la valeur des agents.

Les malfaiteurs, assassins et débauchés, qu'étaient Marat, Danton, Robespierre, administraient les affaires de France ; un sacristain pouvait bien gouverner une église et un curé !

Cependant les officiers municipaux n'étaient pas pleinement satisfaits de leur besogne. Le procureur communal avait découvert, dans leurs arrêtés, quelque lacune. Le 23 juin, ils s'occupent de la boîte qui reçoit les offrandes pour les messes. « Elle sera ouverte, tous les trois mois, devant le Conseil réuni, qui en détient la clef. Le produit sera affecté à la célébration de deux messes par semaine, pour le repos de l'âme de tous les défunts de la paroisse, et *des cy-devant confréries* ; à la condition que ces messes ne soient pas chantées. » — Une messe chantée est une grand'messe ; or, tout ce qui est grand offusque la République, Une, Indivisible et Impérissable.

Dans cette confusion de droits et de pouvoirs, apparaît un réel souci du culte religieux, chez ces honnêtes gens, traqués par la Terreur.

* * *

Durant ce temps, R^d Pierre-François Sardes exerçait le ministère paroissial, sans adhérer formellement au schisme. Dans la retraite de son presbytère, il avait longuement réfléchi, et son serment du 10 mars lui pesait lourdement sur la conscience.

Le dimanche 25 août (1793), au milieu de la messe qu'il célébrait, devant les fidèles émus, il protesta de sa fidélité à l'Eglise catholique, et fit amende honorable de son acte de faiblesse.

A ce moment même, le Conseil municipal tient séance à la salle commune. Le procureur, André Burnier, survient, et fait part de cet événement imprévu. Grand émoi chez les municipaux. Il s'ensuit une scène héroï-comique, d'où R^d Sardes sortira grandi, et qu'il est intéressant de raconter.

Le procureur communal requiert que l'on avise incessamment le Directoire central, auquel la Municipalité demandera la force armée, pour mettre le dit citoyen Pierre-

François Sardes en état d'arrestation. Et, dans le cas où le curé aurait pris la fuite, il sera mis un garde au presbytère, jusqu'à ce que soient venus les ordres du Département.

Le Conseil débattait cette grave affaire, lorsqu'un messager lui apporte une lettre du R^d curé, dans laquelle le citoyen Sardes manifeste ses intentions formelles de rétracter son serment, *qu'il n'a d'ailleurs*, ajoute-t-il, *jamais réellement prêté*.

L'indignation des municipaux est à son comble. Ils persistent dans leurs réquisitions, et députent un des leurs, le citoyen George, au Comité révolutionnaire, pour en rapporter des ordres.

Dans sa missive, R^d Sardes demandait au Conseil un passe-port. A l'unanimité des délibérants, il lui est refusé. Mais il faut agir. L'on délègue les citoyens Benoît Richard et Charles Bollon-Quindiet à la maison curiale, pour mettre le citoyen-curé en état d'arrestation, et y demeurer en surveillance pour que rien n'en sorte. Le Conseil juge imprudent l'emploi de la force armée, dans *les circonstances fâcheuses du moment*, car, dit-il, *tout est à craindre des agitateurs ;* la démarche des municipaux sera plus efficace pour maintenir la paix et la tranquillité.

Pendant ce temps, le citoyen George s'était acquitté de sa mission.

La Municipalité recevait, du Département, l'ordre de traduire, par la force armée, le prêtre Sardes jusqu'à la maison commune de Chambéry.

Sur ces entrefaites, reviennent déçus les citoyens Benoît Richard et Charles Bollon-Quindiet, députés à la cure. Ils rendent compte de leur mission. Le citoyen Sardes n'était point en son domicile. Les citoyennes Sardes, mère et sœur du délinquant, interrogées, ont répondu que le curé était allé à Barbizet voir un malade. Ils ont attendu jusqu'à cette heure cinquième vainement. La cure était calme, et rien n'en est sorti.

Il s'agissait d'obtempérer aux ordres du Département. Le procureur communal requiert des perquisitions au presbytère et à la Villette, dans la maison patrimoniale du citoyen Sardes. Les scellés sont apposés sur toutes les portes de la cure et des dépendances. Une lettre-circulaire est envoyée aux officiers de la garde nationale de la commune, notifiant les ordres du Directoire, et ordonnant aux soldats de rechercher le coupable, et de l'amener à la salle des séances municipales.

Agitation inutile [1]. La Municipalité est bientôt informée que le citoyen-curé a quitté le territoire de la commune, avant onze heures du matin. N'importe, un caporal et quatre gardes nationaux sont réquisitionnés pour garder les abords de la cure, sous la haute surveillance et responsabilité des citoyens François Choirat et François Routens.

Durant ce temps, R^d Pierre-François Sardes de la Forest faisait route pour Turin, par discrètes étapes et chemins détournés. Il arriva dans cette ville vers le 15 septembre, se présenta, sur-le-champ, à son compatriote, R^d Jean-Baptiste Aubriot de la Palme, vicaire capitulaire et administrateur du diocèse de Chambéry, depuis la mort de Mgr Conseil.

R^d Sardes avoua son serment prêté, mais aussi son refus de reconnaître l'autorité de l'évêque schismatique Panisset,

---

[1] L'excès du tragique, dans ces manifestations de zèle gouvernemental, laisserait croire à une comédie, préparée par les municipaux, de concert avec le curé.

sa rétractation publique devant les fidèles de sa paroisse, et la notification qu'il en avait faite, par lettre, au maire de La Motte-Montfort. Il se soumit ensuite aux conditions imposées par l'autorité ecclésiastique, et obtint des lettres de réconciliation, datées du 19 décembre 1793 (1).

Cette affaire n'était point close. Le Conseil du Département, avisé, invite la Municipalité à procéder incessamment à l'inventaire des effets, meubles et autres, délaissés par le prêtre Sardes considéré comme émigré, et à les mettre en lieu sûr. Sont délégués, à cet effet, les citoyens François George et Michel-Antoine Burnier.

Le 15 septembre (1793), les récoltes du bénéfice-cure et jardin sont mises aux enchères, au prix de 100 livres. Après diverses offres, elles sont adjugées au citoyen Jean Guillermin dit Manoye, pour la somme de 268 livres, argent de la République.

Nous avons vu le Conseil général de Servolex opérer l'inventaire des biens paroissiaux, dès la réception des ordres du Directoire central ; la Municipalité de La Motte-Montfort ne se fera pas longuement prier. Sur la réquisition du procureur communal, les citoyens Bernard Choirat et Joseph Roux-Corbel, cy-devant sacristains, remettent au Conseil les meubles, linges, effets et argent de la Confrérie du Rosaire. C'est tout un défilé de sacristains et de dépouilles religieuses. Les citoyens Joseph Mathieu et Jacques Pacoret apportent, à la maison commune, les meubles et effets de la Confrérie de St-Joseph. Les citoyens Sébastien Gerbat et Jean Choulet viennent déposer, aux pieds de nos municipaux, les meubles, linge et autres

---

(1) *Mémoires du Cardinal Billiet*, p. 100.

objets de la cy-devant Confrérie de St-Sébastien. (Voir aux *Pièces justificatives*, N° 11, l'énumération de tous ces objets inventoriés et livrés.)

Nous ne faisons pas mention du mobilier paroissial proprement dit.

Le personnel du prieuré avait fui devant l'orage révolutionnaire, et avait soustrait, à l'avidité des conventionnels, ce que le Chapitre de Belley avait fourni de plus précieux à l'église de La Motte.

A vrai dire, l'odieux de la besogne inventoriale n'était pas compensé par la valeur de la saisie.

* *
*

Nous sommes en brumaire (novembre 1793) (¹). Le Directoire de Chambéry peut constater, avec pleine satisfaction, que ses décrets les plus révolutionnaires ont été exécutés par les Conseils communaux. Les biens des nobles émigrés, des religieux et des églises, minutieusement inventoriés, sont sous séquestre : ils attendent de plus radicales décisions. Les prêtres, fidèles à leur devoir, sont en exil ou en prison. Les obstacles sont écartés ; la Révolution a le chemin libre pour aller jusqu'aux derniers excès de la tyrannie.

---

(1) Dans sa folie destructive, la Convention nationale avait aboli l'ancien calendrier. L'année commence le 22 septembre, jour de la proclamation de la République Une, Indivisible et Impérissable (1792). Elle se divise en douze mois : Vendémiaire, Brumaire, Frimaire, Nivôse, Pluviôse, Ventôse, Germinal, Floréal, Prairial, Messidor, Thermidor, Fructidor. Les mois sont de 30 jours, et divisés en trois décades. Les jours de la Décade sont : primidi, duodi, tridi, quartidi, quintidi, sextidi, octodi, nonodi, décadi. — Est-ce assez ridicule ?

Pour répondre aux incessants décrets de la Convention, le Conseil général de La Motte multipliera ses séances, toujours aussi passif, toujours aussi aveugle.

Les 13 et 14 novembre, il a l'honneur de recevoir, à la salle commune, les citoyens François Galley, vicaire épiscopal du citoyen Panisset, évêque schismatique du Mont-Blanc, et Jean Dusang, notaire, délégué de l'Administration départementale. Les commissaires viennent proposer aux intéressés la réunion des deux paroisses de La Motte et de Servolex (1).

La séance sera mouvementée. Le citoyen-maire de Servolex, Joseph Choirat, ses conseillers, Antoine Salomon, Michel Chevron, et les notables, dûment convoqués, se présentent à l'assemblée. Le maire de La Motte, Noë Morat, les invite gracieusement à se *décorer (sic)* de leurs écharpes tricolores et à prendre place au milieu de leurs collègues. Puis les délégués Galley et Dusang déposent, sur le bureau, les titres de leur mission, et développent les motifs de leur démarche.

Le Directoire du district et l'Administration départementale, par un décret du 12 juillet dernier, ont décidé la réunion, pour le spirituel, des communes de La Motte et de Servolex. L'église de la première sera l'église paroissiale des deux ; et, dès ce jourd'hui, doivent s'y accomplir les fonctions pastorales. Le cimetière de la dite commune de La Motte sera agrandi de tout le jardin vicarial, et clos d'un mur de huit pieds de hauteur, à partir de la porte du cy-devant prieuré jusqu'à son extrémité nord-est.

---

(1) L'évêque Panisset manquait de prêtres assermentés. Il obtint du Directoire l'autorisation de supprimer quelques paroisses.

Cette décision est légitimée par le chiffre de la population de La Motte, qui est de 2.215 individus, tandis que Servolex ne possède que 300 habitants.

Le Conseil général de Servolex et le citoyen *(sic)* Jean-Antoine Arbarêtier, curé constitutionnel d'icelle, objectent, à cette union, que leur église, plus centrale, est par là plus apte à devenir commune et paroissiale. Les commissaires font observer que la dite église est trop petite pour contenir toute la population des deux paroisses réunies.

Ces observations faites, le Conseil général de Servolex accepte l'union, pour se soumettre au décret, mais sous l'expresse réserve que, si plus tard ils peuvent avoir, dans leur commune, un prêtre, la présente union cessera. Ils s'engagent, dès aujourd'hui, à fournir à leur curé futur un traitement convenable.

Le citoyen procureur de La Motte, Pierre-André Burnier, veut défendre les intérêts municipaux qui lui sont confiés; il propose, au milieu des protestations du Conseil de Servolex, de réserver exclusivement, aux habitants de la dite Motte, les droits sur les communaux. Aucune résolution n'est prise à cet égard.

Après avoir pris acte de cette longue délibération, les citoyens délégués, Galley et Dusang, s'informent, auprès des deux Conseils, s'il y a des prêtres, des religieux et religieuses en résidence dans ces deux communes.

Il leur est répondu qu'il n'en est point d'autres que les citoyens Jean-Antoine Arbarêtier, curé institué de la commune de Servolex, et Jean-François Gotteland, administrateur provisoire du culte, dans la commune de La Motte.

Ces deux prêtres, convoqués par le pseudo-vicaire épiscopal, comparaissent à la séance, protestent de leur fidélité aux lois de la République, et reconnaissent l'autorité du citoyen (*sic*) évêque du Mont-Blanc, Panisset. Les commissaires applaudissent au patriotisme de *ces fonctionnaires du culte* (*sic*), et, pour récompenser leur zèle, le citoyen Galley nomme Jean-François Gotteland vicaire-adjoint du citoyen-curé institué Jean-Antoine Arbarêtier. Ce dernier exercera les fonctions pastorales dans la commune de La Motte, dès qu'il aura rempli les formalités exigées par la loi.

Cette curieuse délibération est signée par les deux prêtres, les deux délégués, par Noë Morat, maire, André Burnier, procureur, Michel Burnier, secrétaire, et George, conseiller. Les autres officiers municipaux ont tracé une croix. Le maire, les conseillers et les notables de Servolex se sont retirés, après la lecture du présent acte, sans vouloir y apposer leurs signatures. Ils venaient de perdre leur autonomie.

Trois jours après, 17 novembre, le Conseil de La Motte se réunit de nouveau, sur la demande des citoyens-commissaires. Galley et Dusang présentent à la Municipalité le sieur Antoine Arbarêtier, et la prient de vouloir bien reconnaître ce dernier comme curé de la commune, en conformité de l'arrêté du 14 novembre. Le Conseil acquiesce à cette demande. Le procureur communal requiert que la déclaration et la réquisition soient tenorisées au bas de la présente délibération. « Puis, nous dit ce document, par un mouvement spontané, tous les membres présents ont demandé, comme témoignage de leur satisfaction, que l'accolade fraternelle fut donnée au dit citoyen Arbarêtier ; ce qui a été fait avec la plus grande cordialité et à l'applaudissement général. Après quoi, les officiers municipaux ont déclaré reconnaître, au nom de la commune, le dit citoyen Jean-Antoine Arbarêtier, pour leur curé. »

Que d'incohérence dans les idées ! Il est possible que ces honnêtes conseillers aient cru servir l'Eglise, en subissant les ordres du vicaire épiscopal de Panisset, et en acclamant la candidature du prêtre assermenté.

Dans l'intervalle de ces séances, on démolissait, dans l'église, tout ce qui rappelait l'inégalité des classes ; l'on supprimait les bancs des cy-devant seigneurs de Montfort et de Pingon. Les grands principes l'exigeaient.

* * *

Saturés de promesses, de proclamations et de mots sonores, les habitants de La Motte et de Servolex ont-ils du pain à manger ?

Hélas ! la misère est grande. Nous avons sous les yeux une longue liste de contribuables, pressés, traqués par le receveur et les huissiers, incapables de payer les impôts. Ils ont d'autres charges encore. Un décret du Comité central, du 11 septembre dernier, impose à chaque commune une quote-part des fournitures militaires. Le 17 novembre, le député Marthe vient signifier aux deux Municipalités d'avoir à opérer le recensement du blé, de l'avoine, des chevaux, des effets d'équipement, etc...

Quelques jours après, c'est un bœuf que le canton du Bourget (1) doit fournir aux armées de la République ; et ce pauvre bœuf est difficile à trouver. Un autre commissaire vient réquisitionner du bois de chauffage. Un troisième notifie aux maires que leurs frères d'armes man-

---

(1) Le Bourget fut, pendant longtemps, chef-lieu de notre canton.

quent de pain ; que les contributions foncières seront payées, cette année, en froment et grains de toutes sortes, et que l'administration donne aux contribuables, pour livrer ces denrées, le terme de quatre jours.

Le recensement du blé disponible à La Motte (on laissait aux familles la part jugée strictement nécessaire) donnait 406 veissels de froment, représentant les deux tiers de la contribution communale. Comment payer le dernier tiers de l'impôt ? La récolte n'a pas été bonne, les légumes manquent, le blé réservé est plus qu'insuffisant. Le Conseil propose à l'administration de parfaire la somme par une fourniture de foin.

Servolex, plus avisé, envoie, au Comité central, des délégués municipaux, avec mission de démontrer l'impossibilité de satisfaire à cette taxe imposée.

On réquisitionne du blé, du foin, du bois ; on réquisitionne même du bronze pour les canons de la République. Une des cloches de la paroisse prend, ce jour même, le chemin de Chambéry, pour être remise à l'administration du district. Le lendemain, 29 brumaire (18 novembre), le Conseil de Servolex députe son procureur et quatre officiers municipaux pour conduire à la fonderie une de leurs cloches pareillement réquisitionnée.

Les armées de l'Europe coalisée cernent nos frontières. Il faut à la France un colossal effort pour rompre ce cercle de fer. Ordre est donné d'enrôler tous les citoyens valides, de 18 à 25 ans. Les conscrits de La Motte et de Servolex se rendent à leur salle commune, pour prendre un engagement. La réception de ces jeunes gens, par les conseillers réunis, revêt une certaine solennité, plus gravé à Servolex, d'une exubérance plutôt grotesque à La Motte.

Les conscrits prêtent serment de fidélité à la République, se déclarent prêts à rejoindre leurs frères d'armes, *à concourir avec eux à l'extermination des tyrans et de tous les vils satellites* (sic) *qui les défendent. Ils jurent de soutenir la Liberté et l'Egalité, de respecter les propriétés, de maintenir l'Unité et l'Indivisibilité de la République française, ou de mourir en les défendant.*

La Municipalité, ravie du courage de cette jeunesse, lui en témoigne sa joie, et, pour lui en donner une preuve sensible, elle l'invite à un *banquet frugal, pour y boire ensemble le vin de l'Union et de la Fraternité.*

Nos paisibles ancêtres en sont venus à l'enthousiasme délirant pour cette atroce marâtre, la République Une, Indivisible et Impérissable. A la seule évocation des cy-devant tyrans, seigneurs, princes et rois, leurs âmes frémissent d'horreur. La plupart d'entre eux, cependant, ne mourront pas, sans avoir acclamé, en l'an X (1802), le grand Empereur, puis, en l'an 1816, le roi de Sardaigne, duc de Savoie et prince du Piémont. Ainsi naissent, ainsi s'en vont les idées creuses et les sentiments irréfléchis.

Mais la période de frénésie n'est pas terminée. Lisez plutôt. Trois jours après cette inénarrable séance, le citoyen George, membre du Conseil, déclare à la Municipalité réunie « qu'il a observé, dans l'église de cette commune, quelques croix blanches et d'autres armoiries, signes de féodalité ; de même un tombeau, dans la chapelle de St Sébastien, et quelques autres signes suspects sur des pierres sépulcrales. Séance tenante, le procureur de la commune requiert que ces armoiries soient incessamment effacées, le tombeau détruit (¹), et les croix peintes aux trois couleurs nationales. Les municipaux peuvent enfin dormir le sommeil des justes.

Une semaine après, à la fin d'une longue délibération, le Conseil de La Motte, sur la réquisition du procureur communal, décide de faire transporter au district les vases d'argent de l'église et des chapelles, ainsi que la cloche de la chapelle d'Etrembley (le Trembley), ce qui fut fait dans la huitaine. Cette prise se composait de 2 calices, de 2 patènes et d'un ostensoir, le tout en argent.

Servolex n'est pas trop en retard. Le 21 janvier (1794), il délègue les citoyens Berthet et Choulet pour porter au district 2 calices, 2 patènes, 2 pixides, le tout également en argent.

Mais voici que le zèle des procureurs communaux paraît insuffisant au Comité central. On les supprime par un décret du 14 frimaire, et on leur substitue des agents nationaux, qui dépendront directement de l'Administration départementale. Ils seront uniquement chargés de requérir, et de poursuivre l'exécution des décrets. Dans nos deux

---

(1) Il est très probable qu'il s'agit du tombeau de Mgr Laurent de St-Agnès et de la pierre sépulcrale qui recouvrait le tombeau des de Pingon. Cette pierre tombale se voit, à la Catonnière, à l'angle de la ferme de M. Burnier. En voici l'épitaphe :

D. O. M. S.
PINGONIORUM
NOBILISSIMÆ FAMILIÆ
IN NOVISSIMUM DIEM
QUIETIS LOCUS.

Traduction : Au Dieu-Sauveur, très-bon, très-grand.

« Lieu du repos, jusqu'au dernier jour, de la très-noble famille des de Pingon. »

communes, les procureurs Antoine Burnier et Jean Berthet ne firent que changer de nom, et restèrent en fonction.

Le 23 nivôse (12 janvier 1794), la Municipalité de La Motte, à l'instigation de l'agent national, arrête :

1° qu'une fête *nationale* sera célébrée, à l'occasion de la prise de Toulon sur les Anglais ;

2° que tous les titres et insignes de la féodalité et de la royauté seront brûlés, sous l'arbre de la Liberté, conformément aux ordres du Département ;

3° que l'on recherchera et dénoncera toutes les personnes suspectes d'incivisme.

L'organisation de la fête nationale mérite d'être détaillée. Il est probable que les deux communes se réunirent, en cette circonstance ; car les archives de Servolex ne font point mention de telles réjouissances.

Dans son arrêté, le Conseil de La Motte prévoit jusqu'au moindre détail :

« ART. Ier. — La dépense et les fournitures sont à la charge de la Municipalité ;

« ART. II. — Elle se procurera six quartans de froment et un veissel de maïs, pour faire le pain ; deux quartans de blé noir, pour faire des *bugnes* ; un veissel de châtaignes ; un bœuf, ou, tout au moins, une belle et bonne vache ; quatre moutons gras, un demi-quintal de truffes rouges (pommes de terre, sans doute), un demi-quintal de fromage, 40 livres de *fidés*, six livres de lard ; le beurre, l'huile, le sel et le poivre nécessaires ; enfin deux tonneaux de vin.

« ART. III. — Elle député le citoyen Joseph Roux, pour faire emplète du bétail ; et le citoyen Jacques Guillermin, pour le faire abattre et détailler ; le citoyen Pierre-André Burnier, pour faire le pain ; le citoyen François George, pour acheter le beurre, l'huile, les *fidés*, le lard, le sel et le poivre, et ordonner la distribution du repas.

« Art. IV. — Elle délègue le citoyen George, pour emprunter l'étain du régisseur des biens de l'émigré Morand, cy-devant Montfort ; les citoyens Claude Françon et Charles Pacoret, pour dresser les tables ; le citoyen Burnier s'est offert à fournir les planches. Ces tables seront établies dans la cour occupée par le citoyen François Basset, et appartenant au citoyen Claude Perrin.

« Art. V. — Elle députe le citoyen Jean Morat, pour se procurer deux tambours ; le citoyen Burnier, pour chercher des boîtes et de la poudre à canon ; le citoyen Jacques Guillermin, pour louer des pots de terre, et acheter deux douzaines de verres.

« Elle invite le citoyen Jean-Baptiste Morel, commandant de la garde nationale de la commune, à veiller à la tranquillité publique, et, au besoin, à demander l'aide de deux gendarmes. »

Et voilà que, pour subvenir à ces dépenses, les municipaux rivalisent de générosité. Le citoyen Jean Morat offre 1 tonneau de vin ; Noë Morat, maire, 25 livres ; le citoyen George, 25 livres ; le citoyen Benoît Richard, un veissel de blé ; le citoyen Joseph Roux, un mouton ; le citoyen Charles Bollon-Quindiet, un mouton et 20 livres ; le citoyen P.-A. Burnier, 70 livres ; le citoyen Michel Burnier, 25 livres ; les frères Pacoret, 5 livres chacun ; le citoyen commandant Morel, 5 livres ; le citoyen Aubriot, 25 livres.

Dans cette allégresse générale, le Conseil accorde au citoyen Jean-Antoine Arbarêtier, curé, *fonctionnaire public*, un certificat de civisme, afin qu'il puisse, par cela, obtenir son traitement.

Quinze jours après, le 7 pluviôse (27 janvier 1794), le

citoyen-maire rappelle, en séance municipale, le décret de la Convention nationale, portant que les biens des émigrés et de leurs familles doivent être mis sous séquestre, et entre les mains de la Nation. Le citoyen André Burnier requiert donc le séquestre des biens du cy-devant marquis Costa, du citoyen Claude Perrin, du citoyen Claude-François Menoud, dont le fils prêtre a émigré. Il attire également l'attention du district sur les familles Aubriot Lapalme, Gariod, et sur la citoyenne Deville, veuve Sardes, cy-devant La Forest, dont les biens sont séquestrés déjà, mais qui oppose des réclamations.

Des officiers municipaux, délégués à cet effet, procèdent, dès le lendemain, à cette opération. Les familles Costa, Perrin, Gariod, absentes, les scellés sont mis sur leurs immeubles, sans difficulté aucune.

La visite domiciliaire, chez François Menoud, fut plus intéressante. Elle eut lieu le surlendemain, 9 pluviôse, seconde année de la République française, Une, Indivisible, nous dit le rapport [1], et à dix heures du matin, François George, conseiller, et Michel Burnier, secrétaire municipal, se présentent au domicile du citoyen sus-dit, au lieu du Cheminet. Le fils, Louis Menoud, prêtre, a émigré malgré la volonté et les pressantes représentations du citoyen Claude-François, son père, ainsi *qu'il est notorié, suivant les déclarations de ce dernier.* « Le commissaire municipal fait part de sa mission aux parents du prévenu, lesquels se déclarent prêts à satisfaire aux décrets de la Convention nationale. Le père, Claude-François Menoud, observe qu'indépendamment des pressantes représenta-

---

[1] Document découvert dans les archives familiales de feu le comte Marin.

tions qu'il a faites à son dit fils Louis, et malgré même ses promesses de se conformer à la loi (c'est-à-dire de le dénoncer), l'impulsion irrésistible de ses confrères l'a engagé à s'expatrier avec eux, à son insu ; il ne sait même où il s'est réfugié. »

Malgré ces excuses paternelles, les biens de la famille Menoud sont mis sous séquestre, jusqu'à preuve évidente des explications données. Les linges, effets et meubles sont laissés à l'usage de la famille, sous la promesse expresse de ne rien soustraire, jusqu'à ce que l'inventaire en soit fait.

* * *

La sollicitude municipale n'a pas de limite. Le même jour, le Conseil invite le commandant de la milice nationale à faire monter la garde, près de l'arbre de la Liberté, par 5 hommes et un sergent. Ce pauvre arbre devenait suspect.

Ce n'est pas que les notables de La Motte ne s'occupent que d'affaires communales. Le 14 pluviôse (3 février 1794), en la salle consulaire, on fait lecture du rapport de Robespierre à la Convention, ainsi que de la réponse du Gouvernement (15 frimaire 1793) au Manifeste des rois ligués contre la République. L'on applaudit le décret de la Convention du 5 nivôse, qui ordonne le prompt jugement des officiers prévenus de complicité avec Dumouriez, Castine et autres, ainsi que le décret de la dite Convention, du 26 frimaire, relatif à la vente des biens confisqués au profit de la République. Nos municipaux s'intéressent à la politique générale.

Un triste incident ramène leur esprit vers les affaires communales.

Si l'histoire religieuse de La Motte et de Servolex a des pages brillantes, elle en a quelques-unes bien sombres que nous ne voulons pas dissimuler. Nous citons ce document dans son entier :

« Le 16 pluviôse (5 février 1794), le citoyen Jean-Antoine Arbarêtier, ci-devant curé-prêtre, fonctionnaire public de la commune, s'est présenté à la Municipalité, a déposé devant elle ses titres de prêtrise, et a déclaré n'en vouloir plus faire usage, ni, dès à présent, faire aucune fonction de prêtre ; et qu'au contraire, en vrai et bon républicain, il ne voulait plus s'occuper qu'à prêcher les droits de l'homme, l'avantage de la Liberté et de l'Egalité. »

Le Conseil fut atterré. Il se contenta de prendre note, sans mot dire. Ce drame eut un second acte.

« Le citoyen Jean-François Gotteland, ci-devant prêtre, vicaire de cette commune, a paru à la Municipalité, y a déclaré qu'il s'était rendu au Directoire de Chambéry, qu'il y avait abdiqué sa qualité de prêtre, et déclaré que, désormais, il n'en voulait plus faire aucune fonction. Il a fait la même déclaration à la Municipalité, a remis, sur le bureau, ses lettres de sous-diacre, de minoré et de tonsuré, qu'il s'est trouvé avoir ; et a déclaré que ses lettres de prêtrise étaient restées au greffe du cy-devant évêché de Chambéry. Il s'est offert à la commune pour avoir un emploi..... »

Le Conseil prend acte, en silence, de cette trahison.

Pauvres renégats ! Le magnifique exemple d'héroïsme que donnait à cette heure la majorité du clergé savoyard ne trouvait pas d'écho dans leurs âmes démoralisées !

CHAPITRE III

La Terreur à La Motte et à Servolex

Régime d'Albite (de février à août 1794)

Le trop fameux Albite, représentant du peuple pour les départements du Mont-Blanc et de l'Ain, jouait son petit Robespierre. Ses arrêtés devançaient les décrets de la Convention, et s'accumulaient sur les bureaux des Municipalités. Nous allons assister à leur exécution.

Le 9 pluviôse (30 janvier 1794), en route pour la Savoie, il avait envoyé l'ordre *d'abattre et de démolir les châteaux-forts, les tours et tourelles, les murs à créneaux, à meurtrières et à canardières.*

Le 21 (11 février), l'agent national de La Motte s'informe de qui voudra démanteler le toit et la flèche du clocher, abattre le toit et les tours du château du cy-devant Pingon, ainsi que les *meurtrières qui s'ouvrent sur ses portes*.

Le 20 ventôse (10 mars 1794), il requiert, conformément à l'arrêté d'Albite, la nomination d'un commissaire *qui inventoriera et retirera les effets* de l'église et des chapelles, puis les livrera aux citoyens François Yvrard et Jean Morat, chargés de les transporter au Directoire de Chambéry.

Les ordres du Comité révolutionnaire se multiplient, et l'exécution en paraît longue au représentant du peuple. Dans une lettre du 16, il avait demandé compte, à la Municipalité de La Motte, des mesures qu'elle a prises « *relativement aux enseignes et machines religieuses qui peuvent exister encore,* soit à l'intérieur, soit à l'extérieur des bâtiments, sur les routes et places publiques, ou dans tous autres lieux. Ces objets doivent être enlevés ou anéantis sans délai. Toutes les cloches seront amenées au district, les clochers démolis, les châteaux-forts abattus. Ces ordres seront exécutés dans la huitaine, sous peine, pour les maires, agents et secrétaires communaux, d'être déclarés suspects et mis en arrestation. — *Signés* : MOREL et ALBITE. »

Ces petits monstres défendaient ainsi la Liberté, l'Egalité et la Fraternité.

Les menaces produisirent leurs effets. Des ouvriers, étrangers, croyons-nous, accomplirent cette odieuse besogne, dans le temps prescrit ; si bien que, le 27 ventôse, le citoyen Trivelly, architecte délégué par Albite, se présentant à la séance municipale, put recevoir du citoyen-maire, Noë Morat, l'assurance que les ordres avaient été exécutés.

Le clocher avait été démoli jusqu'à la hauteur de l'horloge. Mais, comme il dominait encore, il fut décidé, par le citoyen Trivelly, qu'il serait rasé au niveau du toit de l'église. Ce qui fut promptement fait.

Le 12 germinal (1er avril 1794), les objets en argent, cuivre et fer, les ornements du culte, ainsi que la cloche du Trembley, sont transportés à Chambéry par le citoyen Benoît Richard, commis à cet effet, et accompagné du citoyen Jean Morat, chargé d'en faire la livraison, et d'en exiger le récépissé.

Une semaine auparavant (5 germinal), le Conseil avait délégué les citoyens Noë Morat, maire, et Melchior Pacoret, officier municipal, pour procéder à la vente aux enchères des autels, chandeliers, bois et linge de l'église paroissiale (¹). Cinq jours après (10 germinal), les deux commissaires viennent déposer *que personne n'avait voulu faire enchère sur les différents objets du culte.*

* * *

La Municipalité de Servolex ne prétend pas agir différemment ; elle exécute les décrets d'Albite.

Le 24 pluviôse (14 février) de cette même année 1794, elle met aux enchères l'*acensement* du pourpris ou bénéfice-cure (²) du cy-devant curé Arbarêtier. Les articles seront expédiés à l'extinction d'une bougie vierge, selon la loi. Ils consistent en 1 pré de 1 journal 99 toises (N° 64), un verger, une cour et un jardin. Le prix d'estimation est de 60 livres et 50 pots de vin. Le dit Arbarêtier, ex-curé de Servolex et de La Motte, qui, six jours auparavant, avait abdiqué ses fonctions pastorales, propose, à la seconde bougie, 61 livres et 50 pots. Mais voici que la bougie tombe accidentellement, et s'éteint. Il faut recommencer. L'opération se poursuit le 13 ventôse (3 mars). La mise, après de nombreuses enchères, reste, à la onzième bougie, au citoyen Etemon Guiguet dit Collet.

Le 20 ventôse (10 mars), le Conseil de Servolex arrête :

1° que le clocher sera rasé jusqu'à la hauteur de la voûte de l'église ; que le toit sera prolongé sur ce tronc, et

---

(1) Deux cloches, au moins, avaient pris déjà le chemin de Chambéry, ainsi que les objets les plus précieux, calices et ostensoir.

(2) Il s'agit seulement ici de la cure, de la cour, de la grange, du jardin et verger, enfermés dans le quadrilatère dont nous avons parlé plus haut.

sera dominé par un petit pavillon. (Ces braves municipaux étaient plus prévoyants que ceux de La Motte.) Le citoyen Michard, charpentier, est commis à ce travail ;

2° que le Conseil se transportera, après sa séance, à la dite église, pour prendre note *de tous les effets servant, ci-devant, aux cérémonies du culte ;* qu'il les fera transporter, au plus tôt, à Chambéry : les effets et linges, chez le citoyen Joseph Martin, marchand drapier ; la grosse et la petite cloches, chez le citoyen Michaud. Le transport est confié au citoyen Jean Berthet, agent national de la commune.

(L'énumération ou inventaire des objets, linges et meubles de cette église, se trouve aux *Pièces justificatives*, N° 10 ; il est inutile de le reproduire.)

Le 18 germinal (7 avril 1794), le Conseil de Servolex met en vente les matériaux provenant du clocher, ainsi que les objets du culte. Sont adjugés :

à Thomas Barin, un confessionnal en bois de noyer, pour	26 livres ;
à Claude Monichon, un coffre, bois de sapin.........................	13 livres 15 sols ;
à François Choirat, 2 petits buffets, bois de sapin	35 livres ;
au même, les bois du clocher.......	55 livres ;
à Bernard, les pierres de démolition et la croix	40 livres ;
au même, un prie-Dieu, en noyer...	6 livres ;
à François Berthet, deux prie-Dieu..	5 livres 10 sols ;
à Claude Richard, les ardoises de Cevins (du clocher)	78 livres.

L'on paye à Jean Richard, pour la démolition du clocher et la réfection du toit, 55 livres et 18 sols.

Sur les 281 livres et 10 sols, produit de la vente, on

distribue 176 livres, comme gratification, aux soldats qui partent à l'armée.

* *

Il est difficile de comprendre, dans le calme de l'esprit, à plus d'un siècle de distance, l'état mental des administrateurs de nos communes, qui subissent une telle tyrannie, qui en exécutent les arrêts, ponctuellement, sans protestation apparente. Leurs églises, qu'ils fréquentaient assidûment, étaient dévastées, dépouillées, découronnées, et par leurs ordres, ou par une volonté passivement obéie ; et pas un sursaut d'indignation !

La seule cause, qui ait pu produire un tel changement, est l'influence du milieu, la surexcitation cérébrale, opérée lentement, sur ces esprits crédules, par certaines formules fatidiques et creuses, et, par là, plus prenantes. Un penseur a qualifié ce phénomène : *La folie en commun*.

Nous sommes à la fin de germinal (avril 1794). Nous assistons, à La Motte, à un déroulement de faits décevants.

C'est une cy-devant religieuse, la citoyenne Anne George, qui abdique sa profession et réclame le traitement que lui a promis le District. C'est l'inventaire et l'expertise de la cure, du vicariat, de l'église, des jardins, des quelques meubles qui avaient échappé à la première inquisition. C'est, le 8 floréal (27 avril), la mise en vente des matériaux provenant de la démolition du clocher. Et l'on passe de l'église aux châteaux. Le même jour, l'on met sous séquestre les biens de la famille Costa de Beauregard, sis au Trembley.

Ce sont des injustices criantes, des infamies. Voici une veuve Sardes, belle-sœur du curé exilé. Elle a quatre enfants, beaucoup de dettes laissées par son mari, et 600 livres seulement de revenus personnels.

Mais son mari, le défunt Sardes, avait l'affreux malheur de s'appeler *de La Forest*. Par cela même, aux yeux de cette stupide République, Une, Indivisible et Démocratique, la veuve est indigne de vivre ; ses biens sont mis sous séquestre et proclamés nationaux. Il faudra qu'elle s'humilie, aux pieds des bandits du Directoire, pour obtenir, au bout de longs jours, l'autorisation de vivre recluse dans un coin de sa maison, sous la surveillance de la garde nationale de La Motte.

Ils n'ont pas la notion la plus élémentaire de la morale, ou bien ils se moquent cyniquement du peuple, ces politiciens arrivistes qui parlent, à pleine bouche, des grands principes de la Révolution. Les voilà, ces grands principes, dans leurs hideuses conséquences.

La Municipalité de La Motte, pour sauver, sans doute, quelques immeubles ecclésiastiques de cette destruction systématique, sur la proposition de P.-André Burnier, fait instance auprès du District, afin d'utiliser la cure pour les séances du Conseil, et la maison vicariale pour le logement du secrétaire communal.

Durant ce temps, l'on vendait les meubles des cy-devant Montfort, Pacoret dit St-Bon, Pingon, Jacquier, sénateur, La Palme, La Forest, Salteur, Chollet, de Buttet.

*   *
*

Détournons un instant notre esprit de ces oppressions violentes et de cet hébêtement général.

Comme saine diversion, nous nous permettons de transcrire, exactement, un rapport du citoyen François George, commissaire délégué pour réquisitionner une provision de pommes de terre.

Le susdit François George, municipal, a déposé, sur le bureau du Conseil, une plainte contre la citoyenne Jeanneton Thomas, veuve du citoyen Claude Toinet, hameau de Villardmarin. Voici la teneur de cette plainte :

« Du 24 floréal (13 mai 1794), je soussigné qu'étant entré chez le citoyen Claude Toinet, accompagné de Claude Yvroux, notable, pour prendre deux quintaux de pommes de terre, qui ont été mis en réquisition par le commissaire André Burnier, agent national de la commune de La Motte, nommé par le district de Chambéry ;

« La Jeanneton Thomas, veuve de Claude Toinet, demeurant en ladite maison, *c'est opposé* (sic) à ladite réquisition en disant qu'elle *ce foutait* des ordres de la France, que ce n'est pas cela qui lui donnait à *diné* (sic), et que je m'avisa pas d'en prendre une. Je me suis *orné* de l'écharpe municipale pour aller où les pommes de terre étaient. Montant sur une échelle, elle m'a couvert d'injures, disant qu'elle me *foutrait* à bas de l'échelle ; et de là, je me suis retiré. Je prie la Municipalité de prendre connaissance de *tel injure*, et de trouver le moyen de faire maintenir et *exécuté* la loi, et *quel soit mieux respecté* à l'avenir. »

Il y avait, dans l'âme de cette femme, de l'écœurement longuement accumulé, et elle le vomit à la face de qui lui en fournit l'occasion. La forme de sa protestation n'est pas académique ; mais elle est assez expressive pour servir de leçon à ces pauvres hommes, valets d'un pouvoir violemment illégal.

* * *

Il y avait au Bourget, alors chef-lieu du canton, une société dite *populaire*, qui s'était donné la mission d'activer l'œuvre d'Albite, et de rechercher les suspects. Le 12 prairial (31 mai 1794), trois de ses membres, les citoyens Pierre-Antoine Béroud, Richard cadet et Richard l'aîné, se présentent aux Municipalités de La Motte et de Servolex, exhibent leurs titres de délégation, et demandent l'autorisation de procéder à des visites domiciliaires ; ce qui leur fut accordé gracieusement.

Le lendemain, un autre délégué du district, le citoyen Thomas Poncet, se présente aux fins de procéder à l'inventaire général des biens meubles, créances et immeubles, des personnes détenues dans les prisons de Chambéry.

Les biens des nobles et des prêtres émigrés avaient été inventoriés, mis sous séquestre, puis déclarés biens nationaux. Leur affaire était réglée. Mais quelques membres de la noblesse, et quelques bourgeois optimistes n'avaient point franchi les frontières, confiants dans la justice républicaine. Mal leur en prit. Les rapaces bandits de la Convention ne l'entendaient pas ainsi. Au nom de la Liberté, de l'Egalité et de la Fraternité, ils les mirent en prison, comme suspects, et s'emparèrent de leurs biens.

Le 13 mars de cette année 1794, Albite avait lancé cette proclamation :

« Au nom du peuple français, Albite, représentant de la nation ;

« Considérant que le peuple français, en proclamant les droits de l'homme, a souverainement proscrit jusqu'aux derniers vestiges de l'aristocratie ;

« Considérant que le moindre germe de la lèpre féodale pourrait fermenter dans le sein de la République ;

« Considérant que la presque totalité de cette race tient par l'orgueil, par le sang, par tous les vices, aux infâmes émigrés, ennemis de la République, etc.,

« Arrête :

« Art. Ier. — Tous les ci-devant nobles, non détenus, depuis l'âge de 18 à 60 ans, sont sommés de se rendre dans le chef-lieu de leur district, pour, de là, être conduits dans les maisons de sûreté (en prison)...

« Art. III. — Tous les ci-devant nobles déposeront leurs contrats, livres de comptes et titres..., etc...

« Art. VIII. — Tous les ci-devant nobles qui n'obéiront pas, sur-le-champ, au contenu du présent arrêté, seront déclarés, de fait, ennemis de la Révolution.

« Fait à Chambéry, le 23 ventôse (13 mars) 1794.

« Albite. »

Les citoyens, propriétaires à La Motte, détenus dans les prisons de Chambéry, étaient : Alexis-Barthélemi Costa de Beauregard, Charles de Buttet, Henriette Salteur, Simon de Buttet, Aimé-Vincent-Gaspard de Pingon, Laure de Morand, épouse de César Salteur, Henriette de Murinais, épouse d'Alexis Costa, sa fille Félicité, Clémentine Costa, épouse de Joseph de Morand, Anne de Morand, Gabrielle de Chevillard, Vve Salteur de la Serraz, Charles Pacoret de St-Bon, Anne Le Blanc, Victor Chollet, César-Philibert Salteur, Clément Chollet (1).

Quel sort réservait-on à ces détenus de tous sexes et de tous âges ? Lisez cet appel du citoyen Gabet, secrétaire de

---

(1) Mgr Billiet : *Mémoires*, p. 469.

l'administration du District : « Il est temps, citoyens, que les ennemis de la République, les prêtres réfractaires, les nobles privilégiés, les émigrés et autres scélérats expient, sous le couteau national, les attentats qu'ils ont commis contre elle. Citoyens, la loi va venger la Patrie outragée. La guillotine se repose encore, parce qu'il manque deux bras pour la mettre en jeu... Enfin, ce sera un sans-culotte qui coupera la tête des aristocrates qui la lèveront au-dessus du niveau *de la Liberté et de l'Egalité*, etc... »

Est-ce assez grotesque ! assez dément ! Voyez-vous ces Albite, Gabet, Morel, posant en agneaux, violentés par les ci-devant prêtres, nobles, hommes et femmes, détenus en prison, ou en route pour la Guyane !! La folie humaine a-t-elle jamais atteint ce degré de perfection ?

* * *

L'esprit des officiers municipaux de La Motte était heureusement détendu par des sujets de délibération moins inhumains.

Dans leur séance du 25 prairial (12 juin 1794), en exécution de l'arrêté de l'Administration centrale du 16 du mois, ils s'occupent du recensement de tous les cochons, âgés de plus de trois mois, existant sur le territoire de la commune. La huitième partie doit en être expédiée à Chambéry ; mais encore *faut-il que cette huitième partie ne soit composée que de cochons mâles, gras et sains*. Voilà bien qui nous repose des insanités d'Albite et consorts.

Ces distractions sont malheureusement courtes et rares, en ces temps troublés. L'esprit est vite ramené, par les faits, à des constatations douloureuses.

Deux jours après cette séance, par hasard inoffensive, la

Municipalité voit se présenter devant elle une nouvelle épave du sacerdoce. C'est le citoyen Benoît Veyret, natif du Bourget, prêtre prébendé, qui a renié son passé, en souscrivant au serment imposé par Albite. Il vient exhiber, au Conseil, l'arrêté du Directoire, daté du 11 germinal, portant qu'il lui est permis de séjourner dans la commune de La Motte, à la condition de se présenter, à chaque décade, par devant la Municipalité, sous la surveillance de laquelle il a été placé. — Fallait-il tant de lâcheté pour obtenir si peu de liberté !

Dans cette séance du 14 juin, le Conseil s'occupe enfin des intérêts de ses administrés. Vu l'étendue de la commune, il sollicite, du district, l'ouverture de deux écoles primaires de garçons, et de deux écoles de filles. C'est fort bien. Mais voici qu'il se met au niveau de la morale révolutionnaire. Il prie le Département de lui céder, à ces fins, un des bâtiments du cy-devant Montfort, la maison Sardes de la Forest, et la chapelle du Trembley.

La seconde partie de la délibération n'est pas plus honnête. La Municipalité approuve une lettre de l'agent national, par laquelle ce dernier demande au citoyen Albite si les dénommés La Palme, Jacquier, Perrin, Garnier, La Forest, Dufour, Salteur, Chollet, Pingon et Buttet, sont considérés comme émigrés, absents ou séquestrés, et si leurs biens sont dans le cas d'être *acensés*. Puis, l'on s'occupe d'un calice en argent, de deux petites boîtes, également en argent, d'une bassine en cuivre, et de quelques ornements ; le tout découvert dans la maison de Morand, cy-devant Montfort, sise à Villardmarin. L'idée de les soustraire à la rapacité du Directoire ne leur vient pas à l'esprit. Il est arrêté que ces objets seront transportés à Chambéry.

La séance prend fin sur des arrêtés plus attristants

MONTÉE DE LA BUTTE

encore. Les voici : « Les fanatiques, les malveillants, les contre-révolutionnaires, débitent mille inepties et faussetés, *tel que* de dire qu'il s'opère des miracles dans la ci-devant église de cette commune. La Municipalité, ouï l'agent national :

« Arrête de faire sortir, *de la dite église, tous les effets qui peuvent encore être de quelques services..., de faire transporter le tout dans un des appartements dépendant de la cure, et ensuite de réunir tout le surplus, tels que les mauvais chandeliers, autel, statues, livres et généralement tout ce qui servait au ci-devant culte, pour les faire brûler. Le citoyen-maire est commis à cet effet ;*

« Arrête, en outre, de faire afficher, au décade prochain, pour inviter ceux qui voudraient *acenser* le bâtiment de la ci-devant église, de se présenter à la salle commune. »

* * *

Pendant ce temps, à la requête de l'agent national de Chambéry, et en exécution des décrets de l'Assemblée nationale, des 14 et 28 juin, et du 3 novembre 1792, du 3 juin et du 25 juillet 1793, et autres décrets subséquents, l'on procédait à la vente des biens du clergé régulier et séculier, et des nobles émigrés.

Ils sont intéressants ces verbaux de vente (nous en avons quelques-uns sous les yeux). En tête est arboré un bonnet phrygien ; puis se déroule le fatras procédurier, mêlé de quelques perles révolutionnaires.

Nous avons pu découvrir l'état des biens nationaux (déclarés tels), vendus par les administrations du *ci-devant District* et du département du Mont-Blanc. C'est un document historique ; nous nous autorisons à le transcrire, mais avec les réserves que voici :

Nous mettons les lecteurs en garde contre un jugement trop précipité et trop malveillant, à l'égard des acquéreurs de ces biens. Pour juger sainement les hommes et les choses d'une époque, il faudrait avoir vécu cette époque, ou, du moins, tenir grand compte de l'influence du milieu, influence que subissent, à la longue, les volontés les plus robustes [1]. (Voir cette liste aux *Pièces justificatives*, N° 12.)

Nos ancêtres paysans étaient sincèrement religieux. Leurs convictions étaient-elles profondes, c'est-à-dire raisonnées ? Nous ne le croyons pas. Leur formation intellectuelle (nous ne disons pas leur intelligence) était rudimentaire. Combien peu savaient lire ! combien peu, surtout, savaient écrire, même leur nom ! Ce terrain inculte fut favorable aux mauvaises semences. La voix de l'Eglise étouffée, les oreilles rebattues par les faux principes révolutionnaires, les consciences se faussèrent et allèrent à la dérive.

A constater leur rapide et joyeux retour aux saines traditions et aux pratiques religieuses, il est permis de croire que leur bonne foi a été surprise.

Et d'ailleurs, lorsque l'orage aura passé, ces mêmes hommes, frappés, sans le savoir, des excommunications de l'Eglise, pétitionneront, avec un merveilleux ensemble, pour le rétablissement du culte.

* * *

Nous sommes en thermidor (août) 1794. Le sinistre triumvirat, qui tyrannisait la France, vient de disparaître.

---

[1] Archives de feu le comte Marin.

Marat est mort, poignardé par Charlotte Corday ; Danton est monté à l'échafaud ; Robespierre l'a suivi, quelques jours après. La France ose respirer. Ce n'est pas encore la paix intérieure ; le mouvement révolutionnaire fut trop violent, pour brusquement finir. Cependant, dans la province, une certaine tranquillité renaît. Les ruines matérielles et morales se sont accumulées ; la France militaire seule est vivante. Il faut attendre que, de ses rangs, sorte le génie qui relèvera la Nation épuisée.

Albite, créature de Robespierre, est rappelé à Paris. Il disparaîtra, plus tard, dans les neiges de la Russie, mort de faim et de froid. La Convention, par décret du 28 août 1794, lui donne, comme successeur, le citoyen Gauthier, homme de caractère modéré. Bien des détenus politiques, prêtres et nobles, lui durent leur liberté.

CHAPITRE IV

La Motte et Servolex réunis

(Août 1794 à 1801)

Par décret du 27 thermidor (15 août) 1794, le représentant du peuple ordonne l'épuration et la réorganisation des Justices de paix et des Municipalités. Par un second décret du même jour, sont réunies les deux communes de La Motte et de Servolex. Cette fusion ne paraît pas avoir soulevé de vives protestations ; elle avait été préparée par l'union, au point de vue religieux, des deux paroisses. Cet intime voisinage des deux sœurs devait aboutir à un ménage commun.

La nouvelle Municipalité fut ainsi constituée :

Noë Morat, *maire*.

Georges François,
Menoud Noë,
Pacoret Melchior, *officiers municipaux*.
Morat Jean,
Pulvin Benoît,

Burnier André, *agent national*.
Burnier Michel-Antoine, *secrétaire-greffier*.

Notables :

Guinet Joseph,
Berthet Jean,
Roux-Corbel Joseph,
Guillermin Jacques,

Seraz Jacques,
Favre Claude,
Passieu Claude,
Guétaz Barthélemi,
Menoud Claude,
Riguet, dit Grenadier, Claude,
Sevez Joseph,
Choulet, dit Suisse, Joseph.

Assesseurs du Juge de paix:

Sevez Joseph,
Menoud Claude.
Bollon, dit Quindiet, Charles,
Pacoret Melchior.

Le Conseil municipal de La Motte-Servolex entre en fonction, le 2 fructidor (20 août), après avoir, individuellement, prêté serment de maintenir, de tout son pouvoir, la Constitution de la République, d'être fidèle à la nation et à la loi, et de bien remplir ses fonctions (1).

Pour exécuter les décrets en souffrance, et les nouveaux qui se multipliaient, la tâche était lourde. Les Municipalités n'avaient pas que les affaires communales ; elles faisaient fonction d'agents délégués, pour les continuels recensements de foin, de paille, de blé, d'avoine et autres produits, destinés aux fournitures militaires.

Les habitants ne pouvaient se soustraire à ces réquisitions. Des inquisiteurs passaient, qui saisissaient les réserves cachées. Chaque famille était imposée proportionnellement à son patrimoine.

---

(1) Le dénombrement du 10 fructidor (1794) de la population des deux communes réunies nous donne : 2.434 habitants.

* *

L'état des deux églises, sottement dévastées, préoccupe nos officiers municipaux. Ils entreprennent timidement quelques réparations sommaires. Dans cette accalmie, la population s'était ressaisie. Elle s'inquiète des immeubles du culte ; elle visite ses églises, dans la pénombre, malgré la surveillance des préposés à leur garde. Elle s'enquiert, auprès des municipaux, des matériaux des clochers, des meubles des églises ; et la Municipalité est obligée d'afficher, *au ban du Droit,* les noms des acquéreurs, et les prix d'achat. Le peuple constate un vide immense qu'il faut combler.

Toute la vie paroissiale avait cessé, dès l'abdication des sieurs Arbarêtier et Gotteland. A la faveur de la nuit, sous des déguisements divers, quelques missionnaires s'aventuraient dans nos hameaux, pour administrer les mourants et baptiser les enfants. Le plus intrépide était R^h Joseph Pollet, ancien vicaire de La Motte.

La Révolution l'avait rencontré professeur au Collège de Chambéry. Il s'empressa de refuser le serment constitutionnel et s'exila à Turin. Son zèle ardent ne peut souffrir l'inaction. Il demande à M. de la Palme, vicaire capitulaire, l'autorisation de rentrer en Savoie. Il part de Turin, le 7 mai 1794. Le 20 juin, il se trouvait à La Motte. Sous des accoutrements ingénieux, qu'il variait à l'infini, il parcourait nos villages, administrait les sacrements et visitait les malades. Il baptisa 381 enfants, en l'espace de quatre années. Signalé, dès le début, par les émissaires d'Albite, il sut échapper à toutes leurs recherches. Il fut aidé, plus tard, dans ce dangereux ministère, par un prêtre que nous aimons à retrouver à La Motte, R^d Sardes. Celui-ci avait quitté Turin en 1797, et était venu, dans le plus strict incognito, revoir sa chère paroisse (1).

* * *

La persécution n'est plus à l'état violent. Le 20 février 1795, la Convention nationale avait publié un décret qui contenait, en principe, la liberté du culte ; mais, soit inconséquence, soit lâcheté, elle n'avait rapporté aucun des décrets fulminés contre les prêtres catholiques. Par un second arrêté, du 30 mai, elle avait rendu aux communes le libre usage des édifices du culte, non aliénés, mais avec défense expresse, à tout prêtre non assermenté, d'y exercer le ministère.

Enfin, le 6 brumaire an III (28 octobre 1795) finit, comme un cauchemar, la Convention nationale. Elle fut le pire des gouvernements français. Elle haïssait la royauté et la religion, et ces deux haines l'avaient poussée aux plus odieux abus du pouvoir. Détestable à l'intérieur, elle eut assez de patriotisme pour sauver la France de l'étranger, pour soutenir cet effort colossal, devant lequel se brisa l'Europe coalisée. C'est un mérite qu'il serait injuste de dissimuler.

Elle cède la place au *Directoire*, qui va gouverner la France avec un esprit tout aussi irréligieux, mais plus conciliant, jusqu'au coup d'Etat du 18 brumaire 1799. Il ne relèvera aucune ruine : il n'en fera pas de nouvelles.

---

(1) Ces prêtres avaient établi des centres d'action chez quelques familles très sûres : chez le sieur Menoud au Cheminet, le sieur Bollon à la Teissonnière, et quelques autres encore.

* *

Le 10 messidor (juillet 1795), le Conseil général de La Motte et Servolex réunis était en séance, lorsqu'un citoyen de la commune se présenta devant l'assemblée, et déposa, sur le bureau, le décret de la Convention nationale du 11 prairial ([1]), et une pétition couverte de signatures. Le citoyen-maire en donna lecture, et pria l'agent national de communiquer ses conclusions. Vu les décrets précédents, non rapportés, la requête ne peut être agréée. Voici ce document intéressant :

« EGALITÉ, LIBERTÉ, FRATERNITÉ.

« Au Conseil de la Motte-Montfort-Servolex réunis. Les particuliers et individus ci-après nommés, habitants de la dite commune, exposent qu'au premier jour de l'an IIe de la République, ils étaient en possession des édifices, soit églises situées rière cette commune, et y exerçaient leur culte, comme étant le lieu ordinairement destiné à ce sujet. Le décret de la Convention nationale du 11 prairial dernier les autorisant à se servir de ces mêmes édifices (qui n'ont pas été aliénés), tant pour les assemblées ordinaires, que pour y exercer le culte catholique, apostolique et romain, qu'ils y exerçaient ci-devant, et dans lequel ils veulent vivre et mourir, ils viennent en faire leur déclaration au Conseil général, et requièrent qu'acte leur en soit donné, de même que de la demande qu'ils font de la remise des dits édifices, l'inventaire des meubles et effets, ainsi que l'acte d'état actuel de tout, sous l'offre qu'ils font de

---

(1) Ce décret rendait aux communes le libre usage des édifices du culte, à la condition qu'ils ne seront livrés qu'aux prêtres assermentés.

se conformer au prescrit du dit décret, en révoquant, au besoin, tout ce qu'on pourrait avoir fait et dit de contraire en leur nom. »

Suivent 141 signatures. La plupart des pétitionnaires, étant illettrés, ont tracé une croix ; à côté de cette croix, le citoyen qui eut l'initiative de cette pétition, a inscrit les noms. (Voir aux *Pièces justificatives*, N° 13.)

Parmi ces signatures, nous distinguons celles de Michel-Antoine Burnier, notaire et secrétaire de la commune et rédacteur de la requête de Pacoret, futur maire de La Motte-Servolex. Ils nous donnent, par là, à entendre que leurs actes publics, de fait si répréhensibles, n'étaient que des contraintes imposées à leur conscience chrétienne. Nous ne les excusons point totalement.

* * *

Le 18 fructidor (4 septembre 1795), an III de la République, le procureur-syndic du district s'occupe des cloches, emmagasinées chez le citoyen Michaud, de Chambéry. Il pose, aux Municipalités, ces questions auxquelles elles sont priées de répondre :

1° Reste-t-il dans votre commune une ou plusieurs cloches ?

2° Vous en a-t-on restitué quelques-unes, depuis l'exécution de l'arrêté d'Albite ?

3° De quel poids sont les cloches que vous avez livrées, et celles qui vous ont été rendues ?

4° Y a-t-il des dépôts de cloches, dans votre commune ?..

La Municipalité de La Motte-Servolex s'empresse d'informer le district : 1° qu'elle ne possède qu'une cloche, qui servait de timbre à l'horloge ; 2° qu'il ne lui en a été restitué aucune ; 3° qu'elle en a livré quatre, dont une provenant du clocher de La Motte et pesant 12 quintaux et cinquante livres ; deux du clocher de Servolex, du poids total de quatre quintaux et cinquante livres ; la cloche de la chapelle d'Etrembley, pesant deux quintaux, plus une campanette.

Plusieurs membres de la Municipalité font observer qu'il y a nécessité urgente de rétablir deux cloches, pour l'usage des deux communes réunies. L'on délègue le citoyen François George, auprès du citoyen procureur-syndic de Chambéry, pour *obtenir le relâchement de deux cloches*.

* * *

Les années 1796, 1797 et 1798 n'ont laissé, dans nos paroisses, aucun souvenir. La fièvre révolutionnaire s'était calmée ; l'état général n'en valait guère mieux. Une vie morne et triste avait succédé aux folles agitations. Les esprits demeuraient anxieux, devant ces ruines qui ne se relevaient point. Leur pressentiment ne les trompait pas.

Le Conseil des Cinq-Cents, modéré d'abord, changea d'allure, après le 4 septembre 1797, et remit en vigueur les décrets les plus sectaires de la Convention nationale. Nombre de prêtres furent condamnés à la déportation, parmi lesquels R[d] François-Marie Dunoyer, futur curé-archiprêtre de La Motte-Servolex.

Un événement religieux avait traversé, comme un rayon de soleil, ces tristes jours. Le citoyen Panisset, évêque constitutionnel du Mont-Blanc, quittait, le 1er avril 1796, ce poste usurpé, se retirait à Lausanne, et rétractait publiquement ses erreurs. Son amende honorable, qu'il était incapable de rédiger convenablement, fut, dans son entier, composée par notre illustre compatriote Joseph de Maistre, retiré lui-même en cette ville hospitalière.

R^d Panisset vécut cinq ans à Lausanne, sans pouvoir rentrer en Savoie ; jours longs et pénibles, car il manquait de ressources. En 1801, Bonaparte lui accordera une pension de 3.333 francs. Nous le retrouverons, en 1803, curé de Tresserve, sa paroisse natale, où il mourut en 1808, octogénaire.

L'année 1799 fut tout aussi sombre que ses précédentes. Lorsque le Directoire et les Cinq-Cents sommeillaient, l'esprit sectaire de l'Administration départementale prenait des accès de persécution religieuse.

Cependant de graves événements politiques se préparent. Le jeune Bonaparte, après sa brillante campagne d'Italie, veut briser la puissance britannique. Il part pour l'Egypte, le 19 mai 1798.

Après victoires et revers, il revient secrètement en France, où les affaires sont au pire. Il se crée un parti puissant, lance une proclamation à l'armée, s'entoure de généraux victorieux, entre aux Tuileries, paraît à la barre des Anciens, abolit le Directoire, et dissout les deux Chambres. Tel fut le coup d'Etat du 18 brumaire (9 novembre).

Bonaparte, Sieyès et Roger-Ducos sont nommés consuls. Le 28 décembre, ils publient la Constitution de la République. Les serments sont abolis, pour les prêtres et les fonctionnaires. Il ne sera exigé d'eux que la promesse de fidélité à la Constitution.

Dès les premiers jours de l'année 1800, les prêtres du diocèse, exilés ou cachés, rentrent peu à peu dans leurs paroisses. Les administrations locales ferment les yeux, et attendent des ordres. La persécution religieuse, la tyrannie jacobine, peuvent déplaire au jeune maître qui triomphe à

Paris, et qui a l'œil ouvert sur la province. Le calme se rétabit au seul nom de Bonaparte.

C'était la volonté du premier Consul. Cet homme, qui s'éleva à la hauteur des plus grands génies, avait compris toute la puissance morale et civilisatrice de l'Eglise. Il va l'utiliser au relèvement de la France, et au rétablissement de l'ordre.

CHAPITRE V

Du Concordat à 1816

Le premier Consul manifeste la volonté ferme de rétablir le culte catholique en France. Il charge le conseiller d'Etat Portalis de traiter la question avec le Saint-Siège.

Le 15 juillet 1801 est signé à Paris et, le 25 août, ratifié par le Pape, le traité de paix entre l'Eglise et la France : le Concordat. — Le libre exercice et la protection, par l'Etat, du catholicisme, tel est l'article essentiel de ce solennel contrat.

Une joie immense éclate dans toute la France, en *Te Deum* d'actions de grâce. Les consciences, opprimées depuis huit ans, retrouvent la foi des anciens jours.

Le maire de La Motte-Montfort-Servolex unis, Pierre-Louis Pacoret, adresse à ses concitoyens la proclamation suivante :

« Un nouvel horizon vient de s'ouvrir devant vous. La religion et la philosophie viennent de contracter une alliance qui doit cimenter le bonheur des Français. Le culte divin est rendu à sa liberté primitive ; il est protégé par les lois de l'Etat.

« Les autels publics se relèvent à l'honneur de l'Etre suprême. L'homme pieux y viendra brûler un encens pur comme ses intentions ; il ne sera plus troublé, dans la célébration des mystères, par la douloureuse idée de mettre ses actes en contradiction avec les lois de sa patrie, lorsqu'il ne faisait que remplir les devoirs de sa religion et les besoins de sa conscience.

« Le vrai philosophe viendra y porter son tribut d'amour et de reconnaissance à l'Auteur de son être, parce qu'il sent que la véritable piété est le premier besoin de l'homme sensible ; elle perfectionne sa raison, elle élève son esprit, elle anoblit son cœur et affermit son attachement à la vertu.

« Il sait aussi que l'exercice public de la religion fut, dans tous les temps et chez tous les peuples, le lien le plus fort de la société, etc., etc... Tel est le bienfait inestimable que vient d'accorder à la France le grand homme qui régit ses destinées.

« Notre église est ouverte, les dons et les offrandes, que les gens pieux et philosophes ont faits, n'ont pu suffire pour sa décoration et sa pompe majestueuse ; il s'agissait de tout recréer, et il manque encore beaucoup d'objets. Vous sentirez, citoyens, le besoin de contribuer de vos ressources, pour donner, au culte public, cette auguste solennité qui annonce la grandeur de son objet.

« Vous n'hésiterez pas à consacrer à l'autel commun, pour le service de tous, les ornements et les ustensiles du culte qui décoraient vos chapelles particulières ; vous seconderez de tous vos moyens le zèle de l'autorité civile, pour le rétablissement des autels.

« Pour assurer et régulariser les effets de vos pieuses intentions, le Maire a pris l'arrêté suivant :

« Le Maire de la commune de La Motte-Montfort-Servolex unis ;

« Vu la loi relative à l'organisation des cultes, du 18 germinal dernier, publiée et affichée le 26 floréal suivant ;

« Considérant que les ressources de la commune sont loin de suffire aux dépenses des divers genres que nécessite, pour l'entretien de l'église, la réfection du clocher, ornements et luminaire, soit pour la pompe et la majesté de l'autel, soit pour la décence et la dignité du ministre, si la commune n'est secondée, dans ses efforts, par le zèle et la piété des fidèles ;

« Considérant qu'il était d'usage cy-devant qu'on faisait des cueillettes, dans l'église, pour y coopérer, jusqu'à la publication qui a été faite de la dite loi ;

« Arrête :

« Art. I. — Tous les citoyens sont invités à concourir, par des dons et offrandes, au rétablissement des objets nécessaires à l'exercice du culte public, dans l'église paroissiale.

« Art. II. — Le citoyen Noël Morat, Noël Menoud et Jacques Guillermin, dont *leur* zèle et probité sont connus, sont invités de se ténir à la porte de la dite église, les jours de dimanche et de fête, à l'entrée et sortie des offices, pour y recevoir les dons et offrandes qui seront faites ; et ils pourront encore les recevoir chez eux.

« Art. III. — Les dons et offrandes pourront comprendre toutes sortes d'objets, comme or, argent, bijoux, ornements d'église, meubles et autres effets propres au service du culte ou de ses ministres.

« Fait à la Motte-Montfort-Servolex, le second messidor, an X de la République française.

« *Signé* : Pacoret, maire.

« Vu et approuvé par le Préfet, le 4 messidor, an X de la République Française, Une et Indivisible.

« *Le Préfet par intérim* : La Palme. »

Nous avons reproduit intégralement cette proclamation, parce qu'elle caractérise l'époque ; parce que, dans son style emphatique, elle exprime l'enthousiasme du peuple devant ses églises rouvertes et son culte restauré.

Il serait permis de sourire au certificat de *zèle bien connu*, donné, par le maire, aux préposés aux offrandes ; mais, non : laissons-les à leur joie sincère.

Ce revirement subit de l'opinion, cette impérieuse poussée des âmes au culte religieux, traditionnel, démontre clairement que la conscience opprimée, comme un ressort tendu, reprend son état normal, lorsque la violence a cessé. Les jacobins de tous les temps se font de singulières illusions, lorsqu'ils proclament définitive l'influence de leurs principes révolutionnaires sur l'esprit du peuple. Cette agitation de la masse est superficielle ; cette action ne peut être profonde, car elle répugne à la justice et au bon sens.

Constatons, toutefois, que le peuple subit le gouvernement qui s'impose, et qu'il se donne, lui aussi, d'étranges illusions, lorsqu'il prétend mener les affaires, parce qu'on le proclame le peuple-roi. Il est conduit ; il ne conduit jamais.

* * *

Les diocèses sont reconstitués. Mgr de Moustier de Mérinville est nommé, le 4 mai 1802, à l'évêché de Chambéry. Nos paroisses renaissent à la vie religieuse ; mais, que de ruines à relever, que de maux à guérir !

R^d Sardes de la Forest, dès le 18 brumaire, administrait, par intérim, la paroisse de La Motte-Servolex, et édifiait, par son zèle et sa piété, son troupeau retrouvé.

Au commencement de l'année 1803, Mgr de Mérinville nomme, à ce poste, François-Marie Dunoyer, le glorieux déporté de l'île de Rhé. Ce vénérable prêtre, dont les forces avaient été épuisées par de longues privations, ne put assumer cette charge pastorale qu'à la fin de décembre

1806. R^d Sardes, aidé par R^d Perret, chanoine retiré à La Motte, suffira à la tâche.

L'Administration départementale, qui s'était subitement pénétrée de l'esprit nouveau, prêtait son efficace concours à l'essor religieux.

Le 4 fructidor (20 août) 1803, Verneilh, préfet du Mont-Blanc, envoie au citoyen Pacoret, maire de La Motte-Servolex, l'arrêté suivant :

« Le libre exercice du culte catholique, citoyen-maire, a été rétabli par une loi promulguée, avec solennité, déjà depuis quelque temps.

« Ce bienfait du gouvernement était sollicité par la presque totalité des Français, et l'unanimité des habitants de ce département. Il aura, n'en doutons pas, la plus heureuse influence sur l'esprit public, la tranquillité intérieure, et l'exécution générale des lois ; surtout si, par le concours de l'autorité civile, les ministres du culte sont entourés de cette considération qui inspire la confiance et commande le respect.

« Votre sollicitude, dans cette circonstance, citoyen-maire, doit embrasser divers objets. En conséquence de l'arrêté du Gouvernement du 17 ventôse dernier, et de ma circulaire du 18 germinal suivant, votre Conseil municipal a dû se mettre en mesure de préparer : 1° le bâtiment destiné à la célébration du culte ; 2° celui destiné à loger votre curé ; 3° les meubles et ustensiles nécessaires à l'exercice du culte. Si ces dispositions, indispensables par leur nature, n'avaient pas encore reçu tout leur complément, vous vous empresserez de le leur donner, en prenant, de suite, les arrangements provisoires qui vous paraîtront les plus convenables aux circonstances...

« M. Sardes de la Forest est nommé recteur (par intérim)

dans votre commune ; il a prêté au gouvernement, entre mes mains, le serment prescrit par le Concordat. Vous assisterez, citoyen-maire, et inviterez les autres fonctionnaires publics de votre commune à assister à son installation, que vous tâcherez d'ailleurs de rendre aussi solennelle que possible.

« Je joins ici deux exemplaires du discours que j'ai adressé au clergé de ce département, lors de la prestation du serment. Vous remettrez un de ces exemplaires à votre curé, et garderez l'autre dans vos registres. Je vous salue.

« *Signé :* VERNEILH. »

Ce discours du préfet au clergé du diocèse, et dont le citoyen-maire Paçoret communiqua un exemplaire au recteur Sardes, mérite une lecture attentive. (Voir aux *Pièces justificatives*, N° 14.)

Le 10 fructidor (26 août), le maire convoqua le Conseil municipal à l'installation de R^d Sardes, comme recteur de la commune. Les officiers municipaux, précédés de la garde nationale, se rendirent devant la porte de l'église, et, lorsque le curé se présenta, accompagné de M. le chanoine Perret, le maire lui adressa ce discours :

« C'est avec satisfaction et joie que je vais assister, avec les fonctionnaires publics de la commune, à votre installation. C'est un bonheur, pour mes administrés et pour moi, de vous avoir pour pasteur, dans cette nouvelle réorganisation.

« L'attachement que vous avez pour un peuple si nombreux, ainsi que vous l'avez déjà démontré par vos peines et fatigues, dès qu'il a eu le bonheur, dis-je, de vous avoir, il vous doit des reconnaissances et aussi de l'attachement.

« Il s'empressera toujours de venir entendre vos instructions et leçons pastorales, qui ne tendent à autre qu'à le conduire et à le maintenir dans le chemin de la vertu et de la sagesse. Il ne lui reste, par mon organe, que de vous prier de les continuer. Vos talents et vos lumières sont déjà connus, et par M. l'Evêque, qui a bien voulu, de concert avec le Gouvernement, nous favoriser par le choix qu'il vient de faire par cette nouvelle réorganisation.

« Nous lui en sommes, à cet illustre prélat, redevable par tous les avantages qu'il nous procure et procurera dans la suite, ainsi qu'à ce grand héros triomphateur et pacificateur qui a fait relever nos autels. »

Le style n'était pas correct, mais les sentiments exprimés étaient touchants. Le recteur Sardes répondit au discours. Il exprima sa vive satisfaction d'avoir été rappelé à ce poste, qu'il occupait déjà avant la Révolution. Il assura le peuple de son attachement inébranlable, et, comme citoyen de La Motte, de son affection particulière.

La cérémonie de l'installation fut suivie d'un dîner, offert, par le curé, au maire, à ses adjoints et à quelques conseillers. La gaîté, nous dit le rapport, fut parfaite.

Le contraste violent entre cette scène, pleine de cordialité, et celles des 25 et 26 août 1793, que jouaient, à quelques-uns près, les mêmes acteurs, dut, en effet, les amuser singulièrement.

* *
*

Tout était à la joie ; mais il fallait relever les ruines. Le Conseil municipal s'en occupait, dès mars 1803.

Dans une longue séance du 18 du dit mois, il avait délibéré sur la restauration du clocher, et prévu, à cet effet, une dépense de 2.000 livres ; puis il avait décidé la clôture du cimetière, du côté du prieuré. Cette clôture, depuis plus d'un siècle et demi, était à l'ordre du jour ; elle y restera quelques années encore, par habitude acquise, sans doute. Le clocher, recouvert provisoirement d'un modeste toit, attendra, plus longtemps, sa flèche.

La vieille cure, occupée, dès 1794, par la chambre commune, les archives municipales et l'un des instituteurs, était réclamée, comme presbytère, par R^d Sardes qui administrait sa paroisse, de sa maison de la Villette. Cette demande fut reconnue légitime, mais l'immeuble nécessitait de grosses réparations. Le Conseil vota les plus urgentes.

L'église n'était pas en meilleur état. Un élémentaire nettoyage avait été opéré à l'intérieur ; mais les toits étaient percés à jour ; les voûtes du chœur et des nefs latérales, désagrégées par les pluies, demandaient des travaux pressants. La partie du cimetière, qui longeait la nef droite, d'un niveau supérieur aux fondations, rendait l'église humide, tandis que les murs de la nef gauche étaient déchaussés. Il fallait niveler le terrain.

Les différentes chapelles, disposées le long de la nef droite, étaient séparées, les unes des autres, par des murs, à hauteur d'appui, qui rendaient la circulation difficile, et occupaient trop de place. Il fallait abattre ces séparations. Nombreux projets et peu de ressources. Le Conseil procéda lentement, et les mois s'écoulèrent.

Dans une séance du 18 fructidor (4 septembre 1803), les municipaux délibérèrent de nouveau sur l'urgente réfection du clocher. Le coût est estimé 4.000 francs. Mais la Commission, chargée d'évaluer les travaux, comptait sur une heureuse opération qu'elle ne put effectuer.

Les matériaux anciens avaient été vendus. L'on décida une démarche auprès de la Municipalité de Chambéry, pour én obtenir, à bon prix, les pierres angulaires et autres, provenant de l'église de la Visitation. L'on arriva trop tard.

L'église est vide d'ornements, vide de meubles. Tout a été vendu ou brûlé sur la place publique. Le Conseil vote 400 francs pour l'achat des objets essentiels, et fait appel à la générosité des habitants.

Les délibérations sont surchargées de projets ; les arrêtés succèdent aux arrêtés ; mais les ressources manquent. Vains regrets des folies révolutionnaires : il faut en subir toutes les conséquences.

* * *

Voici qu'un auxiliaire se présente, qui assumera la plus grande part des charges cultuelles.

Mgr de Mérinville eut l'heureuse idée de constituer, dans chaque paroisse de son diocèse, un Conseil de Fabrique, qui eût pour mission de pourvoir aux choses du culte. Ce projet fut approuvé par le Gouvernement, le 16 mars 1804. Cinq ans après, l'Empire, de concert avec les évêques, l'imposera à toutes les paroisses de France.

Les premiers conseillers fabriciens de La Motte-Servolex, nommés par Mgr de Mérinville, furent :

Président....... Morand de Montfort, l'aîné.
Secrétaire ...... Balthazard Gariod.
Trésorier ...... Jean Berthet.
Administrateurs . Alexis George.
        Noël Morat.
Conseillers ..... Pacoret de St-Bon, l'aîné.
        Jean-Baptiste Blambert.
        Claude Noiton.
        Jean Venat.
        Jean Morat.

Rᵈ Sardes de la Forest les convoqua en séance, le 21 août 1804, et ils entrèrent en fonction.

Il restait à la Municipalité de prêter son concours moral et financier aux entreprises de la Fabrique paroissiale. Elle n'y manquera pas. Dans sa séance du 11 vendémiaire, an XII (3 octobre 1804), elle s'occupe des moyens de subsistance du curé :

« Considérant l'étendue de la commune, il serait à propos que le recteur fut à même de tenir un cheval, comme le faisait son prédécesseur ;

« Considérant que la pension, à laquelle il a droit, ne peut suffire à son entretien, et que les Conseils sont autorisés, par l'arrêté du Gouvernement du 18 germinal dernier, à fournir un traitement convenable à leurs pasteurs ;

« Considérant que la position de la commune, son étendue, sa population d'environ 2.700 âmes, peut soumettre le pasteur à un plus grand *décorum*, le Conseil a délibéré de porter le traitement du dit recteur à la somme de 1.200 francs, sauf la distraction de ce qu'il percevra du Gouvernement à titre de pension.

« Le citoyen-maire est invité, en outre, à faire des démarches auprès de l'Evêque pour obtenir un vicaire. »

Cette démarche eut un plein succès. Un mois après, un vicaire était nommé, en la personne de M. Borjon.

Nous avons dit, plus haut, que le Conseil municipal avait demandé au préfet de rentrer en possession des cloches cédées à la Révolution. Cette requête avait été agréée, puisque, dans sa séance du 30 pluviôse 1805, la Municipalité délibère sur la restauration du clocher, *pour pouvoir y loger une grosse et deux petites cloches.*

L'on ne peut qu'admirer le zèle de ces municipaux qui, dès 1799, dépensent leur temps et leur peu de ressources à réparer les désastres causés par la Terreur, à relever les édifices du culte, à favoriser, de tout leur pouvoir, le ministère paroissial. Ces actes de foi sincère ont dégagé, de bien des responsabilités, la conscience d'un grand nombre.

Le Conseil municipal était alors composé de :

MM. Pierre-Louis Pacoret, *maire.*

Charles Pacoret de St-Bon, *secrétaire.*

Laurent Montagny,

Simon Perrin,

Balthazard Gariod,

Léonard Berthier,

Benoît Tardy,

Jean Morat,

Claude Menoud,

Etienne Gaitaz dit la France,

Jacques Guillermin,

Jacques Venat,

Jean-Baptiste Morel,

Noël Morat.

Désormais, nos officiers municipaux se déchargeront de plus en plus, sur le Conseil de Fabrique, des affaires religieuses.

* *

Cette entente cordiale entre les deux pouvoirs ne put écarter tout conflit. Un nuage de discorde passa. Les torts étaient chez le curé. R^d Sardes, peu pénétré encore de la législation concordataire, prétendait exercer, sur les immeubles du culte, ses anciens droits curiaux. Il fit murer la porte latérale qui donnait entrée dans la chapelle de St Sébastien (actuellement chapelle de la Ste Vierge), sous prétexte qu'elle établissait un courant d'air désagréable sur son confessionnal. Le Conseil protesta, exprima timidement un blâme, et accepta le fait accompli. Il n'en garda nulle aigreur, car, deux mois après, il augmentait de 300 francs le traitement du curé, et portait celui du vicaire à 700 francs.

Cependant les revenus de la commune ne suffisaient point aux dépenses les plus urgentes. Le Conseil, par un arrêté motivé, établit une taxe familiale proportionnelle. Il divisa les chefs de famille en six classes, suivant leurs avoirs :

La 1re fut taxée....... 15 fr.
La 2e — .... 12 »
La 3e — .... 8 »
La 4e — .... 6 »
La 5e — 2 50
La 6e — .... 1 »

Cette contribution produisit 2.020 francs, dont 1.200 francs furent affectés aux traitements du recteur et du vicaire.

Les rouages administratifs fonctionnent régulièrement ; les affaires se liquident peu à peu ; une seule paraît insoluble.

Pierre-Louis Pacoret, maintenu dans ses fonctions de maire, après les élections de mai 1806, fait un dernier effort pour dégager la commune de ce grave souci. (Voir *Pièces justificatives*, N° 15.)

Le 15 mai 1807, il convoque le Conseil municipal à fin de délibérer sur la restauration du clocher.

Les ressources de la commune pesées, jugées insuffisantes, la Municipalité arrête : 1° de faire appel à ses administrés ; il leur sera demandé de fournir, et d'amener sur place, les matériaux nécessaires ; 2° il sera vendu des biens communaux sis aux Granges, au Trembley, à Montarlet.

Malgré le bon vouloir commun, cette sage délibération n'eut aucune suite.

* *

Le recteur Sardes de la Forest administrait la paroisse, depuis le milieu de l'an 1803. Il avait prêté tout son zèle et sa longue expérience au relèvement des ruines et au rétablissement du culte paroissial. Ses forces étaient épuisées.

Une autre raison motivait son départ. Son successeur, depuis trois ans désigné, François-Marie Dunoyer, sortait de son long repos, et demandait à exercer le ministère pastoral. R^d François Dunoyer prit possession de la cure de La Motte-Servolex, vers la fin de décembre 1806. Un vicaire lui fut aussitôt donné, en la personne de M. Miffon, originaire d'Annecy.

Tout allait au mieux des désirs, lorsqu'en mai 1808 un violent conflit s'éleva entre le Conseil municipal et le clergé, au sujet des funérailles. En 1804, la Municipalité s'était autorisée à fixer les lieux où les recteur et vicaire devaient attendre les convois funèbres.

Ces derniers, paraît-il, ne s'étaient pas pliés aux volontés municipales. Le 13 mai, à la fin d'une séance, le Conseil vote un blâme sévère au pasteur et à son vicaire. Il les accuse « de se faire un mépris d'assister aux convois des décédés, et même à leur sépulture..., se contentant de faire les prières des morts dans l'église. Les porteurs, en sueur, sont obligés d'attendre des demi-heure et plus... et cela, malgré les observations faites par le maire au curé et au vicaire... sous le vain prétexte que le cimetière n'était pas bénit.

« Le Conseil charge le maire de faire des démarches

auprès de qui de droit : 1° pour que le cimetière soit bénit, aussitôt que le mur sera reconstruit ; 2° pour que l'invitation soit faite, aux prêtres de la paroisse, d'assister à toutes les sépultures. »

Cette indignation partait d'un bon naturel ; mais elle n'était pas raisonnée. R^d François-Marie Dunoyer avait reçu, sans doute, de l'administration ecclésiastique, l'ordre de ne pas présider les funérailles, en dehors de l'église, avant que ne fût bénit le cimetière. Or, le cimetière ne pouvait être bénit, s'il n'était clos. Nos honorables municipaux auraient dû commencer par là, c'est-à-dire terminer cette clôture, réclamée depuis 200 ans.

Ils étaient d'ailleurs, ce jour-là, en mal d'observations. Quelques-uns d'entre eux font remarquer au maire que, vu la distance des villages à l'église, il serait bon que le recteur « mît un intervalle de deux heures, au moins, entre la 1re et la 2e messe ; que, du 1er avril au 1er septembre, il commençât la première à 7 heures, et la dernière à 11 heures précises... Et dans les autres temps, de fixer la 1re à 8 heures, ou 8 h. 1/2, en hiver, les vêpres à 2 heures, en été, et à 3 heures en hiver. »

Ces observations n'étaient point dépourvues de raison ; mais encore fallait-il procéder d'autre manière, s'adresser directement au R^d curé, et traiter avec lui.

Les élections de 1809 modifièrent assez profondément la Municipalité :

    François Choirat fut nommé *maire ;*
    Charles-François Pacoret de St-Bon, *1er adjoint ;*
    Benoît Chirat, *2me adjoint.*

Ces officiers municipaux, moins susceptibles, sans doute, que leurs prédécesseurs, vécurent en parfaite intelligence avec le clergé paroissial.

* * *

Dans les cinq années qui suivent, les administrations civile et religieuse de La Motte-Servolex ne nous offrent rien que de normal. Les deux pouvoirs tendent, de plus en plus, à se limiter dans leur sphère propre. R^d Dunoyer a obtenu de Mgr de Solle, archevêque de Chambéry, un second vicaire, reconnu nécessaire à cette grande paroisse.

Ce calme local était à peine troublé par les réquisitions d'hommes, et le départ des conscrits vers les frontières de France. Le bruit des formidables batailles, que le grand Empereur soutenait contre toute l'Europe coalisée, n'arrivait qu'en écho lointain aux oreilles de vos ancêtres. Ils avaient tant besoin de paix !

Mais voici que le génie de Napoléon ne suffit plus devant l'écrasante supériorité du nombre. Sa petite armée de héros se retire vers Paris, et les Alliés foulent le sol français.

Les Autrichiens envahissent la Savoie. Le 20 février 1814, l'aile gauche de l'armée française occupait encore la plaine. Les sacrifices, qu'imposait aux populations sa subsistance, étaient patriotiquement supportés. Le commandant réquisitionna, dans La Motte-Servolex, de l'avoine et du vin : la commune paya la note.

Un mois après, ce fut l'armée autrichienne. Nouvelles réquisitions, brutales et sans merci, de foin, d'avoine, de bœufs et de vaches. Ce fléau ne dura heureusement qu'un mois.

Les Alliés se sont concentrés au cœur de la France ; une dernière bataille leur livre la capitale. L'Empire est brisé ; le traité de Paris ramène les frontières de la patrie à ses limites de 1792. La Savoie revient à son Prince.

Nous rentrons de nouveau dans une période calme, où les organes sociaux reprennent leur jeu normal. Le roi de Sardaigne et de Piémont retrouve son Duché, puissamment organisé par la législation impériale. Il n'a que l'agréable sollicitude de récompenser ses vieux serviteurs, et de réparer quelques injustices.

Les Municipalités ne subissent que des modifications insignifiantes. Le syndic remplacera le maire, et le premier adjoint prendra le nom de vice-syndic. Nous laisserons le Conseil municipal de La Motte-Servolex poursuivre les intérêts de sa belle commune, avec le comte Victor Costa de Beauregard comme syndic (1816).

* * *

La reconnaissance nous oblige à ouvrir une large parenthèse sur cette famille Costa, si remarquable par ses hautes vertus chrétiennes, et par son inépuisable générosité à l'égard de La Motte-Servolex.

Originaire de Gênes, où elle occupa, dès le XIIe siècle, les plus hautes situations, elle ne vint s'établir en Savoie qu'au XVIIe siècle. Ses notes caractéristiques furent, de tous les temps, la loyauté, l'esprit religieux et la générosité.

Notre cadre ne nous permet pas de suivre la lignée des Costa, barons et comtes du Villard, de Frise, de Nernier, de Massongy, marquis de St-Genix et de Beauregard.

En 1784, Alexis Barthélemi Costa, comte du Villard, acquit, des créanciers de Mgr Laurent de St-Agnès, le château de la Montaz et ses propriétés, qu'il céda bientôt en dot à sa fille Clémentine-Cosme-Marie-Louise, épouse du baron Joseph-Marie-Alexandre-Xavier Morand de Confignon.

Le 16 août 1793, noble Alexis-Barthélemi Costa, du Villard, est arrêté comme suspect, enfermé dans les prisons de Chambéry, par ordre du Département, ainsi que Madame de Murinais, son épouse, Félicité Costa et Clémentine de Morand, ses deux filles. Sa culpabilité est motivée en ces termes, dans le rapport de la Société populaire : « Il a
« deux fils émigrés, et au service du roi sarde ; il a mau-
« dit la Révolution, dès son principe ; il a manifesté sa
« joie, à la fuite du tyran (Louis XVI). »

Vers 1810, deux fils de Joseph-Henri Costa, marquis de Beauregard, et petit-fils d'Alexis-Barthélemi, apparaissent sur notre petite scène communale ; ce sont : Victor-Henri-Maurice, qui vient d'épouser noble Demoiselle Catherine-Elisabeth Roch de Quinson, et habite le château de La Motte, dont il deviendra le propriétaire ; et le comte Pierre-Augustin-Camille, qui vient d'acquérir, au chef-lieu, le château et la propriété des de Pingon (Pensionnat actuel). Nous les verrons à l'œuvre au Chapitre suivant.

CHAPITRE VI

La Motte-Servolex, de 1816 à 1850

Le roi de Sardaigne, Victor-Emmanuel Ier, visite ses Etats recouvrés. Chambéry, capitale de son Duché, se prépare à le recevoir grandiosement, les 11 et 12 juillet (1816).

Le comte Victor Costa de Beauregard, syndic de La Motte-Servolex, invite, dans une proclamation pleine d'enthousiasme, ses fidèles administrés à prendre part à cette fête patriotique. Voici ce document, dans le style emphatique de l'époque :

« Braves habitants de La Motte,

« Brillante et vigoureuse jeunesse,

« Je me rends aujourd'hui au milieu de vous, pour me réjouir avec vous. Ce ne sont plus des batailles gagnées que je vous annonce, ce n'est pas de ces victoires qui ont coûté tant de sang et de larmes, à vous et à vos respectables parents, depuis 25 ans de malheur. Non, mes amis, plus de larmes, plus d'inquiétude, plus de tristesse. Des jours de joie, de triomphe, d'enthousiasme, depuis longtemps désirés, approchent. Que dis-je ? vendredi prochain, l'auguste père d'une tendre famille éplorée vient essuyer, par sa présence, les larmes de ses enfants chéris. Notre bon roi Victor-Emmanuel sera dans nos murs, et au milieu de ce peuple pour lequel il a déjà tant de fois versé des larmes de tendresse. Oui, il nous aimait, sans pouvoir nous le dire ; et il faisait des vœux pour notre délivrance, sans pouvoir l'obtenir...

« C'est donc notre roi légitime, et je dirai mieux, notre vrai et bon père que nous allons revoir. Depuis 42 ans, nous n'avions pas eu ce bonheur, dans notre patrie qui est son vrai berceau et celui de ses ancêtres. Que faut-il donc faire pour lui témoigner notre satisfaction et notre reconnaissance si méritée ?

« Hé bien ! nos amis, braves vieillards, jeunesse vigoureuse, levez-vous ! Que l'enthousiasme vous transporte ; réunissez-vous en phalange et avec ordre. Pères, encore vigoureux, entourez-vous de vos enfants, armez-vous de l'étendard de la Croix-Blanche ; montrez à vos enfants, vos dignes rejetons, combien vous fûtes fidèles et jaloux du règne de nos Ducs de Savoie ! Que l'exemple les entraîne ; faisons rejaillir de nos cœurs cette joie, ces sentiments secrets si longtemps concentrés. Portons-en l'expression bien sincère sur nos visages, et par l'attitude de nos têtes altières, glorieuses et jalouses d'un si beau jour ; et apprenons, par là, à l'univers, s'il le faut, que le Savoyard fut toujours, et sera à jamais, l'exemple des peuples, par sa fidélité, son dévouement et son amour pour son souverain légitime. »

« Vive le Roi ! Vive le Roi ! Vive le Roi ! »

Les administrés de La Motte-Servolex étaient-ils aussi épris d'amour pour leur Duc que le noble syndic ? L'histoire ne nous le dit point. Quant à donner, à l'univers, l'exemple d'une inébranlable fidélité à la dynastie légitime, il y avait vraiment trop peu de temps qu'ils avaient applaudi à la Révolution et à l'Empire.

*　*　*

Durant ce temps, M. Dunoyer dirigeait avec zèle et autorité la paroisse de La Motte-Servolex. Les deux administrations, municipale et fabricienne, poursuivaient, de concert, la restauration complète des immeubles du culte.

Depuis 14 ans, le Conseil communal délibérait en vain sur les ressources à trouver pour réédifier le clocher. Un homme se présenta qui les délivra de cet obsédant souci.

Comme don de joyeux avènement à la dignité de syndic, le comte Victor Costa de Beauregard prit à son compte cette reconstruction ; et l'œuvre fut rapidement menée. Il n'en était pas à son premier acte de générosité envers la commune et la paroisse, comme il conste de la délibération municipale du 16 juin 1816 :

« Le Conseil municipal, animé d'une juste reconnaissance pour les services, travaux et réparations importantes, auxquels Monsieur le comte de Costa s'est livré, à ses frais, pour la commune, et les dépenses immenses qu'il a *fait* à ses frais, dans l'établissement et construction du clocher et de la cloche (1), et des chemins et ponts qui l'avoisinent, se croit obligé d'observer qu'il serait indécent de le soumettre et commander pour les réparations des chemins vicinaux, parce que, d'après tous les sacrifices qu'il a déjà *fait* pour la commune, ou, pour mieux dire, tous ses traits de générosité et de bienfaisance pour cette commune, et que la postérité ne pourra oublier, et pour lesquels le Conseil lui exprime, au nom de tous, et à l'avance, pour la dite postérité, les sentiments de la plus vive reconnaissance, qu'il prie M. le Comte de vouloir bien agréer ; il a déjà surpassé tout ce que l'on eut pu raisonnablement espérer de sa grandeur. Donc il est d'avis que le dit M. le Comte ne sera point invité, pour cette année, à concourir à la réparation

---

(1) Cloche fêlée, refondue et payée de ses deniers.

des chemins vicinaux. — Signés : Tous les membres du Conseil. »

L'entretien régulier des immeubles religieux, exposés à tous les vents, fut, de tous temps, une lourde charge pour la Municipalité. La commune épuisa ses ressources à réparer les dégâts causés, aux toits de l'église et de la cure, par les temps orageux et pluvieux de 1817, 1818 et 1820.

Ce n'était qu'un palliatif. En 1824, en sa séance du 4 juillet, la Municipalité mettra en adjudication la réfection du toit des chapelles latérales (côté droit), de St Joseph et de St Simon.

**

En 1822, le comte Victor Costa de Beauregard est remplacé, dans ses fonctions de syndic, par noble Louis-Joseph Marin, de Servolex.

Le premier acte du nouveau Conseil fut un vote de reconnaissance à l'adresse du syndic sortant. En voici la teneur :

« L'an mil huit cent vingt-deux, et le trente-un mars, les membres du Conseil de La Motte-Servolex, réunis au chef-lieu, dans la salle ordinaire de leurs séances, sous la présidence de noble Louis-Joseph Marin, syndic de cette commune ;

« Interprètes et organes de la reconnaissance publique pour le bienfaiteur de La Motte-Servolex ; voulant, au nom de tous les habitants, lui en donner un témoignage simple et vrai, le seul digne de lui ; désirant surtout n'attacher au bienfait que le bienfait lui-même, et en perpétuer à jamais le souvenir. »

« Arrêtons :

« Que l'inscription suivante sera gravée sous le vestibule de l'église :

AU MARQUIS VICTOR DE COSTA,

AMI DES PAUVRES ET BIENFAITEUR DE SA COMMUNE,

LES MEMBRES DU CONSEIL DE LA MOTTE-SERVOLEX, AU NOM DE TOUS LES HABITANTS DE LA COMMUNE — AN 1822 (1).

« *Signés :* François CHOIRAT.   Joseph MARIN, *syndic.*
  Gabriel RICHARD.   Jean MATHIEU.
  F. RIGUET.   Antoine MENOUD.
  Pierre GINET.   GAY, *secrétaire.* »

Agrandissement de l'église

En 1824, la commune possédait 500 feux et 3.000 habitants. Sa vieille église se trouvait insuffisante ; il fallait l'agrandir.

La nef gauche, encombrée de chapelles, offrait peu de places, et, de plus, elle menaçait ruine. C'est sur ce point faible que se porta l'attention des deux Conseils, municipal et fabricien.

La Fabrique avait consacré ses ressources à la réfection du mobilier ; la commune, invitée par le Gouvernement à lui venir en aide, consultait avec anxiété son modeste budget. Il s'agissait d'une dépense considérable. Le devis de la construction à neuf de cette nef gauche s'élevait à 9.000 fr., et il entraînait, comme conséquence nécessaire, la réfection du chœur qui se prolongerait sur le cimetière, et, de plus, d'importantes réparations à la nef droite.

---

(1) Inscription gravée sur marbre, sous la voûte du clocher.

L'on délibérait, lorsque de nouvelles difficultés surgirent. Le comte de St-Sulpice et Madame de la Prunarède, veuve de Pingon, possédaient, tous deux, une chapelle et un droit de sépulture dans cette vieille nef à détruire. De là, des réclamations et menaces de procès.

Monsieur de St-Sulpice est tout d'abord débouté de ses prétentions, « vu que sa chapelle fait corps avec l'église, qu'elle ne lui est pas exclusivement réservée, qu'il l'a laissé tomber en ruines, et qu'il est notoirement dans l'impossibilité de la faire réparer » (Délibération, 1er décembre 1825). La famille de la Prunarède est priée d'attendre la solution de son affaire.

Le syndic Charles Burnier et ses conseillers hésitent à engager les finances communales. La population est dans la gêne. Une grêle épouvantable a ravagé La Motte, l'année précédente (le 8 juillet 1824). Barbizet, le Noiray, Servolex, ont été particulièrement dévastés.

Les dégâts ont été estimés à la somme, énorme pour l'époque, de 138.344 livres. Et l'on traîne en longueur la réalisation du projet.

L'année suivante, 1826, le 23 juillet, dans une longue délibération, la Municipalité cherche, de nouveau, les ressources nécessaires à l'agrandissement de l'église, et se donne l'illusion de les avoir découvertes. Elle se propose de réclamer : 1° les capitaux fondés de la chapelle du Trembley, désaffectée par la Révolution ; 2° l'argent versé à la caisse départementale par les acquéreurs de l'église, de la cure et du bénéfice-cure de Servolex ; enfin elle vendra quelques biens communaux. Mais elle ne réalise rien.

Pendant ce temps, le Conseil de Fabrique, avec l'autorisation du Conseil municipal, charge M. Claude Paccard de fondre une de ses cloches cassée, et de lui en fournir une seconde de vingt quintaux (¹). Le devis des dépenses totales accuse 5.376 livres 50 c., et la Fabrique n'a que 500 livres en sa caisse. Mais M. le marquis Victor Costa est membre du Conseil fabricien. Il trouve naturel, dans son âme généreuse, de parfaire la somme, et de s'engager pour 3.876 livres 50 c.

La Municipalité semble ne pas apprécier, à sa valeur, cette marche en avant dans la réalisation des projets conçus. Le syndic Charles Burnier, quelques mois avant de résilier ses fonctions (le 7 octobre 1827), après avoir rendu compte, dans un long factum, de son mandat et des améliorations apportées, sous son administration, à la commune et à la paroisse, accuse R^d Dunoyer de n'avoir pas répondu à la bonne volonté du Conseil. Il reconnaît et loue l'inépuisable générosité de M. le marquis Victor Costa, mais l'incrimine, en termes courtois, d'avoir poussé la commune à de grandes dépenses.

* * *

L'architecte Trivelly avait présenté deux plans d'agrandissement : un premier, de 9.851 livres ; un second, de 36.776 livres.

Le Conseil de Fabrique appuie le second. Le Conseil municipal le rejette tout d'abord, l'accepte ensuite, déterminé par les avantageuses propositions du marquis Victor Costa de Beauregard. (Voir *Pièces justificatives*, N° 16. — Délibération du 30 juillet 1828.)

---

(1) La grosse cloche pèse en réalité 1.288 kilos ; la seconde, 934 kilos.

CHATEAU
de
M. le Comte Camille Costa de Beauregard.

Ce dernier s'engageait à construire, à ses frais, la nef gauche de l'église, sous les conditions suivantes : 1° qu'il sera autorisé à établir, dans cette partie, une chapelle close, à lui appartenant exclusivement ; 2° que la commune édifiera, à ses frais, le nouveau chœur et la partie supérieure de la nef droite. Ces conditions furent acceptées par 10 voix contre 3.

La nomination du comte Camille Costa, frère du marquis Victor, à la dignité de syndic, va précipiter les choses(1).

* * *

L'on se met enfin à l'œuvre. Le 14 juin 1829, le Conseil municipal charge le maître-charpentier Jean-Claude Perrier de la réfection du toit de la nef centrale : coût 2.085 livres. Les vieux matériaux seront utilisés à la réparation du toit du presbytère.

Les plans de l'architecte Trivelly heurtaient, avons-nous dit, certains privilèges. L'affaire du comte de St-Sulpice avait été brusquement réglée. Les réclamations de M. de la Prunarède, relatives à la chapelle de Pingon (emplace-

---

(1) De par la nouvelle Constitution, conseillers et syndics, en entrant en charge, devaient prêter ce serment : « Sur les Saints-Evangiles, je promets et jure d'être fidèle à Dieu et au Roy, de n'appartenir à aucune société secrète, ou, y appartenant, d'y renoncer ; enfin, de remplir les fonctions qui me sont confiées, avec exactitude et désintéressement, en vrai et fidèle sujet et serviteur du Roy. »

Nous ne pouvons qu'applaudir à ces garanties de moralité et de désintéressement qu'exigeait, des administrateurs publics, le gouvernement sarde. L'arrivisme n'était pas encore à la mode, et la société s'en portait bien.

ment de la chapelle actuelle de St Joseph), furent mieux écoutées, parce que mieux fondées.

Dans sa séance du 7 mars 1830, la Municipalité résout la difficulté par moyen de compensation. (Voir *Pièces justificatives*, N° 17. — Délibération du 7 mars 1830.)

La construction du nouveau chœur entraînait celle d'une nouvelle sacristie. L'ancienne devenait libre ; elle fut cédée au marquis de la Prunarède, en échange de l'emplacement de sa chapelle (1). Les conditions du contrat étaient toutes à l'avantage de la commune. Elles étaient ainsi stipulées : 1° M. de la Prunarède construira, à ses frais, la nouvelle sacristie ; 2° il disposera de l'ancienne, pour une chapelle à lui réservée ; mais il aura soin d'ouvrir, sur la nef centrale, un arc semblable à celui que fera M. Victor Costa.

Ces belles dispositions se dissipèrent comme fumée au vent. Trois mois après, l'héritier du seigneur de Pingon déclare renoncer à la construction de la dite chapelle, et aux charges qu'elle impose.

Ce désistement si brusque jeta le désarroi dans les combinaisons municipales, et l'on attendit quelque auxiliaire providentiel. Il vint en la personne du syndic. A la fin de l'année 1831, M. le comte Camille Costa proposa aux deux Conseils, municipal et fabricien, de se substituer à M. de la Prunarède, de transformer en chapelle l'ancienne sacristie, et de construire la nouvelle, aux conditions consignées dans la délibération du 7 mars 1830. Cette offre généreuse fut agréée avec reconnaissance par la

---

(1) L'ancienne sacristie occupait la place de la chapelle actuelle de la Ste Vierge ou du Rosaire. L'ancien chœur est l'avant-chœur d'aujourd'hui.

Fabrique et la Municipalité. (Voir *Pièces justificatives*, N° 18. — Délibération du 13 avril 1832.)

Un autre secours se présenta, non moins efficace. La Confrérie du Rosaire avait des fonds disponibles. Dans cette restauration intérieure de l'église, elle prétend à une part, et s'offre à établir, à ses frais, dans cette nef gauche, une chapelle dédiée à Notre-Dame du Rosaire. Elle s'engage, en outre, à ouvrir deux grands arcs, en face de ceux construits par M. Victor Costa. Cette proposition est acceptée par les deux Conseils.

* *

L'église, dont les importantes réparations se poursuivaient, prenait les proportions assez vastes qu'elle possède aujourd'hui. Il restait à la commune de parfaire l'exécution du plan général par quelques travaux accessoires.

Il existait, au fond de la nef centrale, une vieille tribune qui menaçait ruine; elle fut démolie en octobre 1831.

Par ordre municipal, on dégagea la place de l'église d'une treille qui appartenait au bénéfice-cure.

La construction du nouveau chœur et le développement de la nef gauche avaient pris une partie du cimetière, de dimensions insuffisantes déjà. L'on venait d'en rectifier les limites, au sud-est, par un mur qui l'isolait de l'ancien prieuré; il ne pouvait se développer qu'au nord-ouest, sur un petit verger qui appartenait à la cure. L'on détacha, de cette propriété curiale, une large bande qui donna audit cimetière les dimensions actuelles.

Le chemin qui montait de Leyaz à l'église aboutissait directement sur la petite place, sous forme de rapide couloir. Le comte Camille Costa propose à la commune de le rendre, à ses frais, plus praticable, en lui donnant la sinuosité qu'il a aujourd'hui. Le Conseil municipal accepte cette libérale proposition dans sa délibération du 9 janvier 1831.

Le comte Camille Costa terminait ses quatre années de syndicat. Il avait noblement et généreusement rempli son mandat. En mai 1832, Joseph-Louis Marin lui succède dans ces onéreuses fonctions.

**

Le concours d'heureuses circonstances activait l'exécution du projet Trivelly. La nef gauche de l'église ainsi que la chapelle du marquis Victor Costa de Beauregard étaient terminées. Ce bienfaisant concitoyen avait complété son œuvre par l'érection des fonts baptismaux.

La commune avait également mené à terme la construction du nouveau chœur ; mais la nef droite s'organisait péniblement. Les tergiversations de M. de la Prunarède en avaient retardé l'exécution. Le comte Camille Costa, en prenant en mains les charges et droits de ce dernier, voulait aboutir ; et, pour presser les travaux, venait de s'engager à édifier, à ses dépens, la façade de cette nef. Il attendait, pour commencer ces travaux, que la commune fut à même de poursuivre, jusqu'à cette façade, le mur extérieur, et de reconstituer les deux chapelles disposées le long de la vieille nef, vers le fond de l'église.

La Municipalité délibérait devant une caisse vide. Elle avait voté, pour ces constructions diverses, la somme de 12.000 livres. Ses trois derniers budgets avaient pu supporter une dépense de 7.578 livres 70 c.; la somme complémentaire manquait.

Dès 1830, la commune sollicitait, de l'Intendance générale, l'autorisation de vendre les parcelles qu'elle possédait dans la plaine, et cette autorisation se faisait longuement attendre.

Cependant il fallait en finir ; la nef était démolie, l'église ouverte sur tout un côté. Le Conseil recule devant une augmentation d'impôts et s'arrête, tout d'abord, à un projet qui lui paraît prompt et expéditif, à une souscription volontaire, sous forme d'emprunt, remboursable, sans intérêt, sur le prix de la future vente des biens communaux.

Cette longue délibération est du 8 juillet (1832). Le 22 du même mois, nouvelle séance où les municipaux constatent l'insuccès de la souscription proposée. Ils se résolvent enfin à un emprunt ferme de 3.000 livres, au 5 %. Un bailleur de fonds se présente, le commandeur Verney ; l'autorisation de l'emprunt est accordée et les travaux commencent.

Le Conseil n'était pas au bout de ses tribulations. Il venait à peine d'exprimer sa reconnaissance à MM. Victor et Camille Costa que de graves conflits s'élevèrent entre ces bienfaiteurs et la commune.

Le marquis Victor Costa de Beauregard prétendait posséder une partie de la montagne que le Conseil s'obstinait à considérer comme propriété communale. La situation était délicate.

Le Conseil délègue, au demandeur, le syndic Joseph Marin et le conseiller Joseph Richard, avec tout pouvoir de régler à l'amiable le différend, avec expresse recommandation d'user, envers le Marquis, de grands ménagements, et avec mission de lui renouveler les vœux et sentiments des municipaux. Cette bienveillance réciproque fut plus efficace que la plus habile plaidoirie. Un autre motif, de même nature, solutionna l'affaire.

Le 14 avril 1832, le marquis Victor Costa perdit son épouse, noble dame Catherine-Elisabeth Roch de Quinson.

En cette douloureuse circonstance, la population de La Motte-Servolex lui avait témoigné tant de sympathie, que, en reconnaissance, il sacrifia ses droits sur la forêt, et donna, de plus, à la commune, 2.500 livres pour couvrir les frais du procès.

* * *

L'objet du conflit entre la commune et le comte Camille Costa était le nouveau chemin de Leyaz, que celui-ci venait de construire. Nous avons dit, plus haut, que la cure et la maison vicariale se dressaient sur l'arête de cette pente rapide. Le chemin, creusé dans la déclivité du terrain, avait mis à nu les fondations de ces immeubles. L'attention du Conseil municipal fut d'autant plus attirée sur ce danger, qu'il avait établi sa chambre consulaire dans la maison du vicaire.

Dans une délibération du 19 août, il expose tous les motifs de sa protestation :

1° Le plan approuvé n'a pas été complètement exécuté : le coude inférieur du chemin est trop brusque et trop rapide ;

2° Sur le reste du parcours, le chemin susdit a mis à découvert les fondations de l'immeuble qui le surplombe, et compromet sa solidité ;

3° Un mur de soutènement, formé de gros blocs de pierre, est de toute nécessité ;

4° Le chemin n'est pas assez chargé ; il ne résistera pas à la poussée des terres mouvantes supérieures ;

5° Il est traversé latéralement par le canal d'une fosse, mis à jour ; chose malsaine et malpropre ;

6° Il a à peine la moitié de la largeur de l'ancien chemin ;

7° Il est nécessaire qu'il ait une barrière au nord, vers la pente rapide.

Le comte Camille Costa reconnaît, dans une lettre à l'Intendance générale, la justesse de ces observations.

Le 23 septembre de cette même année 1832, le Conseil municipal, pour lui témoigner ses bienveillantes dispositions, accepte le tracé du chemin tel qu'il est, et proroge la réception d'œuvre jusqu'à mai prochain ; mais à la condition expresse que le Comte préviendra les inconvénients majeurs qui lui ont été signalés dans la précédente délibération, et qu'il sera responsable de tous les dommages causés dans l'exécution des travaux. Pour que ces dommages puissent être appréciés, la Municipalité nomme un expert, assisté du syndic, pour faire un rapport détaillé sur l'état de la cure, de la chambre consulaire et de la terrasse.

Le Conseil eut gain de cause. Murs de soutènement et contreforts furent consciencieusement exécutés, et la route élargie, conformément au plan primitif.

Toutes ces heureuses transformations s'étaient accomplies, malgré les difficultés de toutes sortes, avec une persévérance au-dessus de tout éloge. Les deux Conseils, municipal et fabricien, pouvaient être satisfaits de leur œuvre. Un accident vint troubler momentanément leur joie. La nef centrale de l'église avait été ébranlée par les travaux de destruction et de réfection des nefs latérales ; des lézardes y apparaissaient. L'architecte Trivelly, convoqué d'urgence, calma les appréhensions municipales, donna l'ordre à ses ouvriers de réparer ces légers dégâts, et, à la Municipalité, le conseil de se tenir tranquille. Sur ces entrefaites, nos officiers municipaux furent soulagés d'un souci non moindre. Ils obtenaient enfin l'autorisation de vendre quelques biens communaux, pour payer leurs dettes.

Négociations au sujet de l'établissement d'une paroisse au Trembley

Le 30 janvier 1835, les hameaux du Trembley-dessus, du Trembley-dessous, des Granges et de Montarlet, avaient présenté au Conseil municipal de La Motte-Servolex et à Mgr Martinet, archevêque de Chambéry, une requête motivée, en vue de se constituer en paroisse succursale, indépendante de celle de La Motte.

Le 2 mars, le Conseil de Fabrique se réunit, sous la présidence de R^d Dunoyer, aux personnes de François Choirat, Claude Morat, Balthazard Gariod, Jean-Baptiste de la Palme, conseillers. Le curé lui rend compte d'un entretien qu'il a eu avec l'officialité, au sujet de cette pétition. Au nom de la paroisse, il s'est formellement opposé à ce démembrement.

Les conseillers approuvent pleinement le recteur, et prient le secrétaire de consigner, dans l'acte de délibération, les motifs de leur protestation : 1° Les habitants de ces hameaux ont eu, jusqu'à ce jour, toutes les facilités désirables pour l'accomplissement de leurs devoirs religieux ; 2° ils ont une chapelle où, chaque dimanche et fête, un vicaire de La Motte-Servolex vient célébrer la sainte messe et autres offices cultuels. Le zèle des pasteurs ne fit jamais défaut à leurs besoins spirituels ; 3° leur éloignement de l'église paroissiale, motif principal de leur requête, ne peut être raisonnablement allégué, car il est, dans la paroisse, d'autres hameaux plus distants, et d'une communication plus difficile.

En conclusion, Balthazard Gariod est délégué pour exposer, à l'officialité diocésaine, les motifs d'opposition du Conseil de Fabrique.

Le Conseil municipal, qui s'est réuni aux mêmes fins, proteste, lui aussi, contre cette séparation, et apporte les mêmes arguments *spécieux*. Il en ajoute quelques autres, purement administratifs, tels : les dépenses faites, dans l'intérêt de toute la communauté, pour l'agrandissement du cimetière, et surtout de l'église de La Motte.

Il charge son syndic Joseph-Auguste Déage et Jean-Baptiste de la Palme, officier municipal, de porter, à Monseigneur l'Archevêque, ces conclusions.

Les deux Conseils étaient fiers de leur belle paroisse, qui comprenait, en cette année 1835, 3.500 habitants et 24 villages ou hameaux ; ils ne pouvaient se résoudre à ce démembrement.

Etablissement d'une Ecole chrétienne

En août de cette même année, R^d François-Marie Dunoyer forme le projet de construire un immeuble destiné à une école chrétienne. Il avait sondé les dispositions de quelques amis généreux, et les promesses, à lui faites, lui permettaient de rêver quelque chose de grand. Il se proposait d'affecter à cette œuvre une somme de 30.000 livres ; et il ne lui en manquait que 5.500.

Il s'adresse directement à l'Intendant général ; le prie d'intervenir auprès du Conseil municipal, afin que la commune fournisse cette somme, qu'elle destine à la réfection de la maison communale. A ce prix, le recteur se charge d'aménager, dans cet immeuble neuf, une chambre consulaire, indépendante et très confortable, plus un local pour les archives communales.

L'Intendance en avisa la Municipalité, qui, dans sa séance

du 6 septembre (1835), accepta avec empressement ces avantageuses propositions.

Cette œuvre scolaire venait d'être assurée par une fondation de 1.500 livres de rente. En tête des généreux souscripteurs, nous retrouvons M. le marquis Victor Costa de Beauregard, avec un don de 10.000 livres. Ce fut un de ses derniers actes. Il mourut le 19 juin 1836, emportant, dans sa tombe, l'estime, la reconnaissance et les regrets de tous ses concitoyens.

Sa dépouille mortelle fut déposée dans le tombeau qu'il avait magnifiquement construit sous sa chapelle, et dans lequel il avait recueilli, en 1832, les cercueils de son beau-père, messire David Roch de Quinson, décédé au château de La Motte (1810), de messire Joseph-Henri, son père, de messire Télémaque-Marie-Boularron de Costa, décédé au Trembley, de sa fille Zoé, et de son épouse dame Catherine Elisabeth-Marguerite, marquise Costa de Beauregard, née de Quinson.

**
*

Pendant ce temps, Le Trembley faisait d'instantes démarches pour son indépendance, et il se préoccupait des dépenses qu'elle entraînerait.

Il avait sa chapelle ; mais il lui manquait une sacristie et un presbytère. Il fait appel à la commune, qui vient de réaliser pour 8.000 livres de biens communaux, et la prie, par deux fois, de lui céder une partie de cette somme, nécessaire aux constructions projetées. Par deux fois, le Conseil municipal lui oppose un refus formel.

Mais voici que Mgr Martinet, au début de l'année 1837, sans plus consulter la Municipalité de La Motte, déclare paroissiale la chapelle du Trembley.

Par entraînement irréfléchi, le hameau du Noiray se laisse aller, lui aussi, aux idées séparatistes, et demande son incorporation dans la nouvelle paroisse. Nouvelle protestation du Conseil municipal qui, cette fois, est écoutée.

La séparation est faite, de par la volonté de Monseigneur l'Archevêque et l'approbation de l'Intendant général. Les quatre hameaux du Trembley nomment un procureur, chargé d'organiser le nouvel état de choses. Il y a des travaux à faire, et le plus rapidement possible. Le susdit procureur prie l'Intendance générale d'obliger les habitants du Noiray et de Servolex à fournir des corvées, pour la construction du presbytère. Ces derniers ne l'entendent point ainsi. Dans une adresse à l'Intendant (approuvée par le Conseil, le 3 avril 1838), ils protestent énergiquement contre ces prétentions, et ils obtiennent gain de cause.

Le Trembley médite une petite vengeance. Il ne peut avoir des corvées, il aura de l'argent. Il formule une nouvelle demande, serrée, pressante, d'une part de la somme retirée des communaux vendus. Refus non moins persistant du Conseil communal. Le requérant ne sera pas vaincu. Il a contribué, depuis son affranchissement, au traitement supplémentaire du curé de La Motte-Servolex, et indûment. Il réclame cette part de contribution, levée sur lui, durant les deux années 1837 et 1838. La Municipalité s'exécute de mauvaise grâce, et restitue, au procureur de la nouvelle paroisse, 454 livres et 78 centimes.

Cette persévérance méritait mieux. Dès le 16 juillet 1840, un subside annuel de 240 livres sera fourni, par la commune, au curé du Trembley. En 1842, le Conseil municipal prélèvera, sur son budget, la somme de 1.144 livres pour solder les dernières dettes de ces récalcitrants administrés.

***

Rᵈ François-Marie Dunoyer, peiné du démembrement de sa paroisse, n'était pas sans autre souci. Il avait mené à bien la construction de son bel immeuble scolaire, dans les conditions exigées par la commune ; mais le coût avait dépassé, de 3.886 livres, ses prévisions. Un premier appel de fonds fait à la Municipalité reste sans réponse. Le Conseil de Fabrique, aux personnes de Pantaléon Costa de Beauregard, Jean Bollon, Hyacinthe Pillet, François Choirat et Michel Choirat, fait une instance, appuyée par Mgr Martinet, auprès du Conseil communal, qu'il amène aux résolutions suivantes : 1° Le curé s'engage pour 1.000 livres ; 2° le Conseil fabricien, pour 886 livres ; 3° le Conseil municipal, pour 2.000 livres ; ce dernier, à la condition expresse que la commune sera propriétaire de l'immeuble, et qu'elle pourra, dans le cas possible de la suppression de l'école, lui donner la destination qu'elle jugera la plus convenable. C'était la part du lion.

Le 26 avril 1840, l'immeuble était livré par l'entrepreneur, la salle consulaire et la chambre des archives mises à la disposition de la Municipalité, l'école ouverte aux Frères de la Sᵗᵉ-Famille. Rᵈ Dunoyer venait de fonder une grande œuvre : l'éducation chrétienne à La Motte-Servolex. Cette heureuse initiative, favorisée (¹) par la généreuse famille Costa de Beauregard, fut le point de départ de nos écoles catholiques. L'œuvre s'est maintenue prospère, malgré les à-coup d'une politique sectaire, et les difficultés financières.

---

(1) Jusqu'à ce jour, la famille Costa de Beauregard a très largement contribué à l'entretien de nos écoles libres.

LE PENSIONNAT LIBRE DE LA MOTTE-SERVOLEX
fondé en 1843.

Ce zélé pasteur mourut le 9 janvier 1842, à l'âge de 80 ans, après trente-six ans de fructueux ministère. Il ne laissait que des œuvres. Quelques créances, provenant de la construction de l'école, n'avaient pu être soldées. Le Conseil municipal, dans sa séance du 31 juillet de cette même année, sur la proposition de son syndic, Laurent Porraz, s'empressa de voter les sommes dues, et s'interposa pour le règlement des comptes. Les parents de R^d Dunoyer fournirent les 1.000 livres qu'il avait souscrites.

* * *

A la fin de janvier 1842, R^d François Belville, recteur de La Bridoire, est nommé à la cure de La Motte-Servolex. Il dut éprouver une bien vive satisfaction à la vue de cette église, aux vastes proportions, toute fraîche-éclose de ses ruines. Il eut quelque déception, lorsqu'il fut conduit dans la vieille cure. Plusieurs fois séculaire, pauvrement entretenue, elle avait l'aspect d'une masure.

Le nouveau curé et ses vicaires durent chercher un asile, au Cheminet, dans la maison du sieur Jean-Claude Dumollard, en attendant un presbytère habitable. Cette situation ne pouvait durer.

Le 19 juin 1843, R^d Belville prie la Municipalité de lui céder, momentanément, la chambre consulaire et quelques pièces inoccupées de l'immeuble scolaire. Le Conseil, qui vise, pour la salle commune, l'appartement du juge cantonal, acquiesce à cette demande.

Cependant, la construction d'une nouvelle cure préoccupe le Conseil communal. Le devis, élaboré par le sieur Besson, s'élève à la somme de 16.000 livres. C'est une bien lourde charge pour une caisse épuisée. Mais, voici que la Providence lui vient en aide.

A la fin de cette année 1843, M. le chanoine Billiet (le futur Cardinal) avise le Conseil municipal de La Motte-Servolex que l'Administration centrale, par une délibération du 27 septembre dernier, à autorisé, dans cette commune, l'établissement des Frères de la Doctrine chrétienne.

Dans une séance du 3 décembre, le syndic Laurent Porraz peut donner, à son Conseil, lecture du contrat, en date du 3 novembre, par lequel le Supérieur général des dits Frères et M. le marquis Costa ont acquis du comte Fernand Costa, pour l'Etablissement projeté, le château et les dépendances que ce dernier possède au chef-lieu. Voici la délibération prise en cette circonstance :

« Le Conseil,

« Applaudissant aux intentions généreuses de M. le marquis Costa et de M. le Supérieur général des Frères ;

« Considérant, d'un côté, l'avantage qui peut résulter de cet Etablissement pour l'instruction publique et gratuite des enfants de la commune ;

« Considérant, d'un autre côté, que, par suite de ce nouvel Etablissement, le presbytère de la paroisse de La Motte peut être transféré, avec peu de frais, dans les bâtiments que la commune a fait dernièrement construire pour une école et une salle consulaire, et qu'ainsi les frais de la construction d'un nouveau presbytère, qui avaient été évalués à la somme de 16.000 livres, seraient, pour une forte partie, épargnés à la commune ;

« Le Conseil, tout en témoignant sa reconnaissance, et en exprimant ses sincères remerciements au Supérieur général des dits Frères et à M. le marquis Costa, a été unanimement d'avis de faire don au dit Etablissement, pour ses dépenses de premiers ameublements, et qui sera dûment accepté, d'une somme de 4.000 livres, à condition que l'école primaire, pour tous les enfants mâles de la commune, sera exercée gratuitement et à perpétuité, et, exclusivement, dans les bâtiments acquis par l'acte sus-nommé, Morand, notaire, et de la manière y expliquée. »

Cette délibération fut signée par tous les membres du Conseil.

Les difficultés les plus graves s'évanouissaient devant des circonstances heureuses.

Le 28 avril 1844, le Conseil municipal vote la somme de 3.759 livres et 90 centimes pour la transformation, en presbytère, de la maison d'école. C'est la cure actuelle.

A cette même époque, Madame la comtesse veuve Camille Costa de Beauregard cède à la Fabrique, qui l'accepte avec reconnaissance, la chapelle construite par son mari (chapelle actuelle de la Ste Vierge) ainsi que tous ses droits passés et présents.

* * *

R[d] Belville nous a laissé une note intéressante sur l'état de la population de La Motte-Servolex en cette année 1844 ; la voici :

« La commune renferme deux paroisses : La Motte-Servolex et Le Tremblay. La première se compose de 20 villages. La population totale, qui était, en 1838, de 3.305 individus, n'est aujourd'hui que de 3.196, divisés en 524 familles.

« La cause de cette diminution d'habitants doit être attribuée à l'éloignement de la digne maison de Costa, et à la mort de M. le comte Vignet, dont la générosité entretenait tant de malheureux, pendant la rigoureuse saison de 1843-44. Faute de travail, plusieurs familles ont émigré. »

En 1846, le dénombrement de la population nous donne 3.715 habitants. D'où venait cette augmentation insolite ? Très probablement de l'arrivée de nombreux ouvriers, attirés par la nouvelle que voici :

MM. Frères-Jean, fabricants de fer à Annecy, avaient cru découvrir à Montaugier, dans un terrain communal, des gisements de minerai de fer, appelés ooléthique. Ils avaient demandé au Conseil municipal l'autorisation de l'exploiter : ce qui leur fut accordé, avec l'approbation de l'Intendance générale.

Ces gisements n'existaient qu'en rêve. Ce fut regrettable, car cette exploitation eût fourni des ressources à de nombreuses familles qui souffraient de la misère.

Les récoltes de 1844 et 1845 avaient été ravagées par toutes sortes de fléaux : gelée, grêle et longues pluies. Dans sa séance du 14 mars 1846, le Conseil municipal constate tristement que les deux tiers de la population manquent du nécessaire, et sont réduits à mendier. Il vote 3.000 livres de travaux communaux, pour occuper les bras valides.

Ce modeste travail arrive à sa fin. Notre but était de résumer, en quelques pages, l'histoire de cette paroisse et de son antique église. Nous avons dépassé les limites que nous nous étions tracées. Cependant, nous ne le regretterons pas, si les détails accumulés offrent à nos paroissiens quelque intérêt.

Nous n'avons rien dissimulé de ce que nous ont livré les documents historiques, car le droit à la vérité prime les autres droits.

Dans l'histoire d'une paroisse, comme généralement dans

celle des familles, il y a des points noirs : les défauts de tout ce qui est humain. Les ombres sont utiles pour faire ressortir le côté lumineux d'un tableau.

Nous avons arrêté notre récit en 1850 pour de multiples raisons. La période suivante a été vécue par nos vieillards qui l'ont racontée à leurs enfants et petits-enfants. Pourquoi la leur redire ! Notre église, dont il s'est agi, s'est, à peu de chose près, immobilisée dans l'aspect général qu'elle offrait en 1849. Un légitime amour-propre nous empêche de raconter les injures que lui ont infligées le temps, les orages et... quelques négligences.

Nous espérons qu'un Chapitre nouveau complètera, à brève échéance, cet ouvrage. Il vous dira comment une Municipalité catholique, soucieuse des vraies traditions, aidée par de généreuses familles, aura rendu, à notre vénérable église, la splendeur qu'elle mérite.

FIN

Le 15 Février 1912.

ÉVÊQUES DE GRENOBLE

dont la juridiction s'est exercée sur nos deux paroisses de La Motte et Servolex, de 1080 à 1777.

Saint Hugues	mort en	1081
Hugues II	—	1132
Othmar	—	1150
Geoffroy	—	1151
Jean Ier de Sassenage	—	1163
Guillaume Ier	—	1220
Pierre Ier	—	?
Pierre II	—	?
Soffrey	—	1223
Pierre III	—	1236
Falque	—	1258
Guillaume II	—	1266
Guillaume III de Royn	—	1290
Guillaume IV de Royn	—	1302
Guillaume II de Chissé	—	1337
Rodolphe II de Chissé	—	1351
François de Gouzy	—	1380
Aymon Ier de Chissé	—	1388
Aymon II de Chissé	—	1427
Siboud Allemand	—	1450
Jost de Silenen	—	1477
Laurent Ier Allemand	—	1484
Laurent II Allemand	—	1518
François II de St-Marcel d'Avançon	—	1561
François III Fléchard	—	1575
Jean III de la Croix	—	1617
Alphonse de la Croix	—	1619
Pierre IV Scarron	—	1620
Etienne le Camus, Cardinal	—	1671
Ennen Allemand de Montmartin	—	1707
Paul de Chaulnes	—	1721
Jean IV de Caulet	—	1726
Jean V de Cairol de Madaillan	—	1771
Hay de Bouteville	—	1779

PIÈCES JUSTIFICATIVES

N° 1

Acte d'union du Prieuré de La Motte au Chapitre de Belley

L'union susdite a été faite l'an 1274, par la résignation de Vuillerme de Amasino, prieur et recteur de la Motte, en cette sorte du consentement de Jean de Valence comme procureur de Révérendissime Seigneur Bénignie, évêque, fondé en procuration, et de messire Bernard, official de Belley, asçavoir que ledit Prieur et Chapitre, du consentement susdit, unissent à leur église de Belley la dite maison et église de la Motte, en sorte qu'il n'y ait aucune désunion entre le Chapitre et ladite maison et église ; Et qui sera prieur de Belley aye la même juridiction en ladite maison, église et appartenances qu'il a aux autres biens et choses du Chapitre ; Et tout ce que ledit prieur trouvera à propos d'ordonner en ladite maison et église, qu'il ordonne à sa volonté, du consentement toutefois du Chapitre, comme aux autres choses grandes et négoces on a de coutume, Et que ledit prieur et chapitre instituent un procureur et le destituent à volonté, lequel aura soin de procurer l'utilité et profit de ladite maison, *Item* que le Chapitre présentera au Seigneur évêque de Grenoble un chanoine qui, en ladite église, aura soin des âmes et répondra au dit évêque, *in spiritualibus*, et audit procureur *in temporalibus ;* et sera nommé curé, et le susdit curé aura soin du temporel et pourvoira à toutes les nécessités de la famille (gens de la maison) et à la réception de l'évêque diocésain, et du Nonce du pape et des autres hostes passants, et généralement supportera toutes les charges des hostes passants à l'église susdite, Et payera tous les ans, outre les anniversaires de l'église de Belley et ce que le prieur perçoit, 40 sextiers de froment, 30 sextiers de seigle, 50 sextiers d'avoine, et 60 sextiers de vin pur, à la même mesure de la Motte, et 40 livres viennoises, *Item in victu et vestitu providebit in curato* et autres choses nécessaires.

Et ledit chanoine-curé rendra compte et répondra audit procureur de ce qui lui arrivera à l'occasion de son office. *Item* ledit procureur, outre ledit curé, aura un autre prêtre séculier, un clerc, un asnier, un porcier, un forestier pour la garde du bois du Bouchet, dans lequel il ne sera permis audit procureur de vendre ni bailler aucun arbre fruitier. Ains sera tenu de recevoir les porcs du Chapitre, et les faire paistre, *tempore pastionarii ;* un roussin et un garçon, un cuisinier, auxquels il fournira tout ce qui leur sera nécessaire. Sera tenu aussi recevoir le prieur trois ou quatre fois l'an, quand il ira à la Motte et le défrayer honestement pour deux ou trois jours, et les chanoines passants aussi, et les serviteurs et messagers du Chapitre.

Item a été ordonné que toutes et quantes fois qu'il plaira au Chapitre de rappeler ledit prieur et curé et en commettre d'autres, il le pourra faire ; et rendra compte tous les ans, le prieur, audit Chapitre, de son administration.

La dite union est signée (à l'original) par Jean, évêque de Belley, Vuillerme, prieur, et Vuillerme, archidiacre, et autres chanoines, et scellée du sceau du Chapitre et dudit Jean de Valence, prieur susdit, et de l'official.

N° 2

Propriété de la Cure

En dehors de sa petite propriété de la butte, le bénéfice-cure de la Motte possédait :

1. Deux pièces de terre, au pré de Lagève, d'une contenance de deux journeaux 83 toises et 2 pieds, classés sous les n°s 4966, 4967 de l'ancienne mappe.

2. Une vigne, au Pingon, de 379 toises et 4 pieds, n° 5461.

3. Un pâturage et un champ (n°ˢ 6052, 6053) au lieu dit *Pré de la cure*, au Cheminet, près du confluent de l'Erié et du Nant Bruyant.

4. Sous Beauvoir, un pré de 4 journeaux 299 toises et 7 pieds, au lieu dit le Bouchet (n° 3083).

5. Deux prés-marais, entre Servolex et Beauvoir (n°ˢ 3156, 3159), de la contenance de 1 journal 392 toises et 6 pieds.

6. A Servolex, 2 prés, d'une superficie totale de 395 toises et 3 pieds (n°ˢ 52 et 89).

N° 3

Propriété de la Chapelle de St Joseph

1. Un petit champ, à la Côte, 47 toises 2 pieds, n° 4912.
2. Un pâturage, au Mollard, 378 toises 5 pieds, n° 4919.
3. Un champ, au lieu dit *Pré de la Chapelle*, 175 toises, n° 5216.
4. Au même lieu, une teppe, 50 toises 2 pieds, n° 5217.
5. Au même lieu, un pré de 3 journeaux 323 toises, n° 5221.
6. Au Plan, un champ de 1 journal 343 toises et 7 pieds, n° 5235.
7. Au même lieu, une teppe, 1 journal 80 toises et 7 pieds, n° 5286.
8. Une vigne, au Pingon, de 1 journal 141 toises et 4 pieds.
9. A la Bette, un champ de 394 toises et 7 pieds, n° 6014.
10. Au même lieu, un pâturage, 284 toises 4 pieds, n° 6015.
11° Au lieu dit *Pré de la Chapelle*, un pré de 2 journeaux 219 toises, n° 6079.

N° 4

Propriété de la Chapelle de la Ste Trinité

1. Un champ, à la Villette, 364 toises 6 pieds, n° 4367.
2. Aux Teppes, 62 toises et 6 pieds de broussaille, n° 4377.
3. A la Curtine, un champ, 1 journal 104 toises, n° 4378.

4. Au Plan, un champ de 199 toises, n° 5287.
5. Au même lieu, 11 toises de gravier, n° 5288.
6. Au même lieu, un champ de 161 toises 2 pieds, n° 5293.
7. *Ibidem*, 10 toises et 2 pieds de teppe et gravier, n° 5294.
8. A la Teissonnière, un champ de 116 toises, n° 5860.
9. Enfin, au Carra, un champ de 172 toises 3 pieds, n° 6027.

N° 5

Propriété de la Chapelle de St Félix

1. Elle possédait, sur la Butte, attenante à la grange de la cure, au lieu dit *au Mollard*, une maison couvrant 6 toises, précédée d'un jardin de 10 toises 2 pieds.
2. Une bande de la Côte, vers Leyaz, d'une superficie de 40 toises 3 pieds.
3. Aux Champagnes, un champ de 253 toises 4 pieds, n° 5380.
4. Au Pétolière (n° 6061), un champ de 233 toises 6 pieds.
5. Sur la commune de Servolex, 4 pièces de pré-marais mesurant 6 journeaux.
6. Dès 1620, deux pièces de terre inscrites sous les n°^{s} 5178 et 5179.

N° 6

Relation faite par R^d Ruet, chanoine-curé de La Motte, d'une Mission prêchée en 1739

L'an mil sept cent trente neuf, le 6 du mois de Décembre, et le premier Dimanche dudit mois, les R^{ds} pères Capucins ont fait l'ouverture de la Mission qu'ils ont coutume de faire dans l'église paroissiale de St-Jean Baptiste de la Motte. Ils ont logé dans la maison du Prieuré ; ils étaient six religieux, à savoir, quatre prestres prédicateurs, un prestre catéchiste et un frère cuisinier. Ils ont fait l'ouverture de la Mission, le susdit jour, après les Vêpres, par une prédication suivie de la procession du Très Saint Sacrement et la bénédiction après. Les jours ouvriers, ils faisaient sonner à 6 heures du matin, et commençaient leurs messes. Dès la première aube du jour, le père catéchiste faisait la prière du matin qui était suivie d'un cantique. Après quoi l'on faisait la première prédication, laquelle étant finie, on disait une messe basse. Sur les onze heures et demie, les marguiliers tintaient le catéchisme, que le père catéchiste terminait à midi environ.

Vers les deux heures un quart après midi, les marguiliers sonnaient la seconde prédication qu'on commençait à trois heures. (On tirait toujours trois coups de la grosse cloche au commencement des prédications). Après cette seconde prédication, le catéchiste faisait la prière du soir, à la fin de laquelle le curé ou le vicaire donnait la bénédiction du St Sacrement, pendant laquelle le catéchiste chantait un cantique en l'honneur du St Sacrement.

Cet ordre s'observait tous les jours, à la réserve des dimanches et fêtes, où l'on faisait la prédication du matin à l'office de la première messe de paroisse qu'on disait à l'heure accoutumée, et la prédication du soir, à la fin des vespres de la paroisse qu'on disait à deux heures.

Après le milieu de la Mission, le supérieur de la Mission et Monsieur le curé conviennent du temps qu'on commencera les confessions, et du jour de la communion générale, afin que l'on en avertisse le peuple et que l'on prenne des précautions pour que la Communion générale se fasse avec ordre et sans confusion. Avant la Communion, un missionnaire fait un discours à ce sujet, qu'il finit par une amende honorable au Très St Sacrement.

Le Jeudi, trente-un de Décembre, par une commission portée par les lettres d'indulgences accordées par Monseigneur l'évêque, j'ai béni la croix de la Mission que le syndic de la paroisse a fait faire aux frais de la paroisse, et qu'on avait plantée au bout du pré de Monsieur Martinet, dans la croisée du grand chemin tendant de la Motte au Bourget. On y va en procession. La confrérie de Servolex, que Monsieur le curé de Servolex conduit à la Motte, commence la dite procession ; la confrérie de la Motte marche ensuite, suivie des R^{ds} Pères Capucins et des prestres.

Le curé de la Motte bénit la croix, et l'adoration faite, le supérieur de la Mission fait, au pied de la Croix, une exhortation sur cette cérémonie, et on revient dans le même ordre à l'église, où se fait la prédication.

Le lendemain, vendredi, premier jour de l'an mil sept-cent-quarante, a fini la mission. La clôture en a été faite après les Vêpres par un sermon et la procession du St Sacrement et la bénédiction.

Monsieur le curé de Servolex, avec sa confrérie, assiste aux processions de l'ouverture et de la clôture de la mission, ainsi qu'il a été dit pour la procession de la croix. Dans ces cas, Monsieur le curé de la Motte, avec son vicaire, va les recevoir à l'entrée de l'église en leur présentant l'eau bénite, ce que je fais aussi quand ils se retirent.

La mission a duré quatre semaines moins deux jours. Comme il y a un fonds pour cette mission, les pères Capucins se fournissent tout, même les linges, pain et vin pour la messe, les cierges et flambeaux pour les messes et bénédictions du St Sacrement. Et en s'en allant, après la mission, ils laissent sur l'autel les six grands cierges qu'ils ont apportés pour les bénédictions du Saint Sacrement, de même que les deux flambeaux aussi de cire pure, qu'ils ont mis pendant la mission sur les deux grands chandeliers, aux côtés du Maître-Autel.

J'ai cru devoir faire mention des dites choses, et les insérer dans ce registre, pour servir à mes successeurs, ainsi qu'ils trouveront bon.

RUET, chanoine-curé de la Motte.

N° 7

Propriété de la Cure de Servolex en 1730

1. Un champ de 305 toises 4 pieds (n° 26), au lieu dit *Belluard*.

2. Champ et treilles, 243 toises 2 pieds (n° 27), au même lieu.

3. Un journal 99 toises et 3 pieds (n° 64), pré au *Puy*.

4. Un autre pré de 147 toises 3 pieds (n° 136), aux *Bettes* ou *Battes*.

5. Deux prés de 20 et 76 toises (n°ˢ 178 et 182), aux *Conches*.

6. Un champ et treilles de 294 toises (n° 188), au même lieu.

7. Un champ de 287 toises (n° 222), aux *Murêts*.

8. Un placéage de 49 toises 3 pieds (n° 273), à Servolex.

9. Un champ de 330 toises, à la *Gaillarde*.

10. Un petit champ de 87 toises, aux *Ripes*.

11. Un pré de 284 toises (n° 379), au *Manormand*.

12. Une vigne de 166 toises 6 pieds, aux *Combes*.

13. Une grange, au Choirat, de 9 toises de superficie.

14. Une autre petite grange à Servolex.

Plus le quadrilatère qui comprenait l'église, la cure, le jardin et un pré.

N° 8

Eloge funèbre de R[d] Louis Tournier par R[d] de Dieu

D. O. M. E. M. D. L. T.

Anno Domini millesimo septingentisimo trigesimo secundo, die vero januarii vigesimâ primâ, obiit in osculo Domini, R[d] D. Ludovicus Tournier, Archipresbiter et parrochus ecclesiæ S[ti] Stephani de Servolex, in Decanatu Sabaudiæ. Hanc sacerdotum gemmam omnes commendarunt virtutes, tum pietas, Charitas, Doctrina, Mansuetudo, prudentia, Chastitas, Misericordia et vigilantia, tum indefessus verbi D[ni] (non minori cum animarum lucro quam eloquente eruditione) annunciandi zelus, tum in excipiendis confessionibus, cum magno profectu, assiduitas. Rexit sancte pieque sibi commissum gregem annos tredecim ; et commissi sibi talenti duplum reportavit.

Successit D° Claudio Perrier juniori, ut patet instrumentis capitularibus venerabilis Capituli S[ti] Thuderii, vulgo dicti *St Chef*. Jacet in ecclesiâ dictæ curæ, in tumulo communi sacerdotum, ante altare majus. Et ego, infra scriptus, parrochus dictæ ecclesiæ, ut testis occulatus, hanc posteris ejus memoriæ notitiam propriá manu scriptam, et chirographo meo munitam, dedi, anni supradicti die martii primá.

De Dieu, parrochus.

N° 9

Cottet de Répartition, entre les Communiers de Servolex, pour l'affranchissement du fief du Prieuré du Bourget.

Le capital de ces servis était de 5.021 livres, 1 sol et 2 deniers. Dame Vve Roche avait à payer, pour sa part d'affranchissement, 2.653 livres, 7 sols et 6 deniers ; les nobles frères Vissot, 583 livres, 13 sols, 2 deniers ; le sieur Claude Favre, 160 livres, 2 sols, 7 deniers ; le sieur Prosper Landoz, 256 livres, 8 sols, 11 deniers ; la dame Vve Pacoret, 137 livres, 17 sols, 5 deniers ; le sieur Jean Dupuy, 323 livres, 7 sols, 10 deniers ; le sieur Amédée Canton, 382 livres, 18 sols, 4 deniers ; Jacques Richard, 37 livres, 9 sols, 7 deniers ; Humbert Richard, 7 livres, 6 sols, 6 deniers ; Claude Basset, 1 livre, 2 sols. Les Choulet, dit Cavoret, devaient payer 24 livres, 17 sols, 10 deniers ; mais, comme ils étaient pupiles et pauvres, les experts ne les imposèrent que de 8 livres, 17 sols et 1 denier ; Georges et Joseph Domenget eurent à payer 40 livres et 9 deniers ; Christophe Choirat, dit Borbon, 38 livres, 16 sols, 1 denier ; Claude et Antoine Domenget, 17 sols ; Jean et Louis Burtillet, 44 livres, 12 sols, 2 deniers ; Jeanne-Marie Chappot, 23 livres, 4 sols, 2 deniers ; Hélène Fatod, 54 livres, 17 sols, 10 deniers ; les héritiers d'Etienne Domenget, 59 livres, 8 sols, 9 deniers ; Joseph Gerbat dit Jeanton, 27 livres, 16 sols, 3 deniers ; Henri et Philibert Choirat dit Montagnard, 44 livres, 17 sols, 1 denier ; Claude Bollon, 2 livres, 1 sol, 2 deniers ; Marin Choirat, 50 livres, 11 deniers ; Sébastien Louvel, 1 livre, 13 sols ; François Basset dit Caille, 13 livres, 3 sols ; François Guinet, 7 livres, 7 sols, 1 denier ; Christophe Guinet, 1 livre, 13 sols ; François et Joseph Choulet, dit Suisse, 1 livre, 10 sols, 2 deniers ; R^d curé de Servolex, 1 livre, 10 sols, 3 deniers ; R^d Recteur de la Chapelle du Sr Perrier, 20 livres, 2 sols, 7 deniers. Il restait un déficit de 18 livres, qui fut pris dans la caisse des Affranchissements.

N° 10

Note des biens meubles et immeubles dépendant de la Cure et du bénéfice-cure de la paroisse de Servolex, et des chapelles annexées à l'église dudit lieu.

Nous citons textuellement cet inventaire :
« Quant aux meubles de l'église,
Il y a dans la sacristie un vieux coffre bois sapin, fermant à clef, une commode de bois sapin à trois tiroirs, au-dessus de laquelle il y a un petit buffet et trois petits tiroirs, et à chaque côté deux longs buffets pour tenir les linges, livres et autres, le tout fermant à clef, le tout quoy le R^d curé déclare avoir fait faire à ses frais, eu égard qu'il n'y avait cy-devant qu'un mauvais placcard, part du couchant, qui existe encore.

Il y a un fauteuil sans couverture et un prie-Dieu neuf que le curé déclare avoir fait faire aussi à ses frais.

Il y a deux calices, un grand dont le pied sert à l'ostensoir pour la bénédiction, un autre petit, une pixide pour la communion, et une autre pour le viatique.

Il y a trois ampoules pour les S^{tes} Huiles, elles sont en éteing.

Il y a deux paires de burettes aussi en éteing.

Il y deux croix, une d'Arquemine neufve, une autre vieille en letton.

Il y a un graduel, un vespéral in 4° vieux, et un vespéral nouveau que le dit curé déclare avoir fourni avec le Rituel.

Il y a un vieux encensoir et sa navette de cuivre, plus trois aubes usées, une grande bonne plus deux autres aubes, plus une de toile fine neuve avec le cordon de soye, et une de toile commune avec le cordon en laine, le tout quoy le dit curé déclare avoir acheté.

Plus huit amicts, dont le dit curé dit en avoir fourni quatre.

Plus cinquante-deux purificatoires, dont le curé déclare en avoir fourni quarante-trois, plus douze lavabos provenus des cremeaux aux baptêmes.

Plus trois bonnets carrés et trois surplis dont le curé déclare en avoir fourni de chacun deux.

Plus dix chasubles, quatre pour les fêtes, et les autres pour tous les jours, que le dit curé dit avoir fait réparer.

Plus deux chasubles noires, une de camelot que le dit curé dit avoir acheté. Plus deux chappes en soye, dont l'une desquelles le curé dit avoir acheté. Plus trois écharpes en soye, une rouge neuve, les deux autres de différentes couleurs vieilles.

Pour regard de l'église, il y a trois petites nappes et deux grandes pour la communion. Plus les ornements de la confrérie du St Sacrement. Plus un grand tableau représentant le martyr de St Etienne.

Plus un Rétable doré, très décent, six chandeliers et six vases dorés.

Plus le candélabre du flambeau paschal.

Plus dix chandeliers argentés, avec six bouquets que le dit R^d curé déclare avoir acheté. Plus deux bustes dorés renfermant des reliques, soutenus par deux grouppes de chérubins, et quatre grandes statues dont deux sont dorées et une statue de la Ste Vierge, le tout quoy le curé déclare avoir acheté.

Plus une grosse clochette pour les processions, une petite pour les messes.

Plus un bénitier d'éteing et deux prie-Dieu que le curé dit avoir fait faire.

Plus une chaire et deux confessionnaux bois noyer que le dit curé dit avoir fait faire.

Plus deux grands bancs pour la commodité du peuple. Plus un banc et le drap de mort neuf. Plus huit bancs pour les enfants et leurs genouillères pour les petits, que le dit curé dit avoir fait faire. Un tapis en soye pour couvrir l'autel. Plus il y a deux armoires servant à la confrérie. Plus il y a un gonfalon. Plus deux petites cloches au clocher, plus un Dais ».

Ont signé tous les officiers municipaux et le curé.

Les immeubles et terres ont été énumérés ailleurs.

N° 11

Inventaire des meubles, linges et effets de la Confrérie du Rosaire, paroisse de La Motte

1. L'effigie de la Vierge, soit statue en bois doré ;
2. Un crucifix en bois ;
3. Six chandeliers en bois vernissés ;
4. Quatre chandeliers en laiton ;
5. Six bouquets avec leurs vases de faïence ;
6. Trois mauvaises cartes ;
7. Trois nappes d'*hôtel* (sic) ;
8. Une croix en bois ;
9. Quatre fallots ;
10. Quatre bâtons en bois ;
11. Deux croix en laiton ;
12. Une croix en composition ;
13. Une bannière ;
14. Un suaire ;
15. Trois écharpes, avec un crucifix en bois ;
16. Deux lampes ;
17. Quatre nappes d'*hôtel* (sic) hors d'usage ;
18. Huit bouquets avec leurs supports en bois ;
19. Deux bannières en soye ;
20. 27 chandelles à 6 à la livre ;
21. Un pot et demi d'huile dans une tupine, un dépensier, une boite fer-blanc pour la quête ;
22. Six flambeaux et deux rebus ;
23. Une petite clochette pour la messe ;

24. Quatre lavabos à trois quarts usés ;
25. Un encensoir avec sa navette ;
26. Un registre pour baptême ;
27. La somme de 93 livres, 1 sol, six deniers, outre 14 livres et 2 sols dans une boite.

Inventaire des meubles et effets de la Confrérie de St Joseph

1. Six chandeliers de bois ;
2. Un crucifix en bois ;
3. Un mauvais tableau, représentant l'effigie de St Joseph ;
4. Deux nappes d'*hôtel* (!) usées ;
5. Un mauvais tapis pour couvrir l'autel ;
6. Une petite clochette ;
7. Une bouteille fer blanc à tenir l'huile ;
8. Une bouteille et demi d'huile pour la lampe ;
9. Une livre de chandelles ;
10. Une boite pour la quête, dans laquelle il s'est trouvé 1 livre, 3 sols.

Inventaire des effets de la Confrérie de St Sébastien

1. Argent, 4 livres, 3 sols ;
2. Une boîte pour la quête ;
3. Dix chandeliers de bois ;
4. Un crucifix en bois, hors d'usage ;
5. Six bouquets moitié usés ;
6. Deux mauvais bouquets hors d'usage ;
7. Une mauvaise lampe de fer blanc ;
8. Une mauvaise statue en bois, représentant St Sébastien ;
9. Deux nappes pour *l'hôtel* (!), une neuve et l'autre usée ;
10. Un mauvais tapis pour *l'hôtel* (!) ;
11. Trois cartes pour *l'hôtel* ;
12. Une petite clochette pour la Messe ;

PIÈCES JUSTIFICATIVES 227

13. Une livre de chandelles de 4 à la livre et 4 cires en rebus ;

14. Un gevelot d'huile pour la lampe, dans une bouteille en verre ;

15. Une mauvaise bouteille en fer blanc à tenir l'huile ;

16. Une mauvaise garde-robe bois sapin ;

17. Un mauvais banc bois cerisier.

N° 12

Motte-Montfort
du 19 germinal an III (10 avril 1794)

NOMS DES ACQUÉREURS	PROVENANCE DES BIENS	N^{os} DE LA MAPPE
Burnier André.	De la cure de La Motte.	3083
Chapote Antoine l'aîné.	id.	4925
Le même.	id.	4966, 4961
Le même.	id.	6052, 6053
Georges François.	id.	4125
Branquin-Chabord Ant.	Chapelle de N.-D.-de-Pitié.	3494
Le même.	id.	3603
Guinet Joseph.	Chapelle de St Georges.	1170
Morat Jean.	Chapelle de St Félix.	3156
Burnier Charles.	id.	3159
Toinet Claude.	id.	4924
Morat Jean.	id.	5055
Morat Claude.	id.	6061
Reymond Antoine.	Chapelle de St Jean-Baptiste.	5567
Morat Jean.	Chapelle de St Joseph.	5216, 5217, 5221
Le même.	id.	5272, 5273
Burnier André.	id.	5285, 5286
Berthollet Claude et Jean.	id.	5575
Burnier Michel.	id.	6014, 6015
Meurier André.	id.	679
Sevez Maxime.	Chapelle du Rosaire.	2327
Janin Gabriel.	Chapelle de St Sébastien.	3755
Chappot Antoine l'aîné.	id.	3756
Berthollet Claude et associés.	Chapelle du St Sépulcre.	5410, 5411, 5412
Meurier André.	Chapelle de La Trinité.	4367
Rumilliet Jean.	id.	5287, 5288
Morat.	id.	5293, 5294
Bollon-Quindiet Charles.	id.	5860
Roche Charles.	id.	6027
Burnier André.	Chapitre de Belley.	4901, 4904, 4910
Perrin Claude.	Chapelle St Christophe.	2559
Picollet François.	Du Prieuré du Bourget.	2244, 45, 46, 47

NOMS DES ACQUÉREURS	PROVENANCE DES BIENS	Nos DE LA MAPPE
Burnier André.	De l'émigré Vibert Mattingy.	6092, 6111, 6134
Morat Jean.	Cure de La Motte.	5461
Berthier Sébastien.	Chapelles Stes Cécile et Juliette.	5575
Burnier André	Cure et Vicariat de La Motte.	4906, 4919, 4907
Roulleau Antoine.	De la cure et chapelles réunies.	26, 27
Roche Charles.	id.	64
Toinet Claude.	id.	136
Amour Claude.	id.	173, 168
Berthet Jean.	id.	182
Choirat François.	id.	183
Roche Charles.	id.	281
Berthet Jean.	id.	349
Roulleau Antoine.	id.	379, 380
Le même.	id.	656
Basset François.	De la cure de La Motte.	50
Roche Charles.	id.	89
Picollet François.	Chapelle St Félix.	147
Le même.	id.	148
Choirat Joseph.	id.	323
Roche Charles.	Chapelle St-Georges et Ste Vierge.	321, 222
Choirat François.	De la cure.	153, 161, 162

N° 13

Pétitionnement en faveur du rétablissement du culte paroissial à la Motte et Servolex réunies (10 messidor 1795).

Joseph Menoud
Antoine Ponçon
Gaspard Claret
François Claret
Gaspard Pin
Joseph Pacoret
François Menoud
Noë Claret
Jean-Louis Choirat
Joseph Domenget
François Venat
Jean Arbarétaz
Noë Choulet

Claude Faug dit Girard
Charles Domenget
Claude Bollon
Victor Morat
Burnier
Nicolas Comte
Claude Morat
Antoine Morat
Jean Domenget
Philibert Domenget
Pierre Choulet
Jacques Guillermin
Jean Guillermin

François Carrat
Gabriel Claret
Guillaume Choulet
Charles Pacoret dit Trollion
Claude Gallay
André Gallay
François Carrat
André Genoulaz
Jacque Genoulaz
François Morat
Laurent Genoulaz
Claude Passieu
Noë Passieu
Claude Chapot
Charles Davignon
Jean Thomas
Pierre-F^{ois} Pacoret
Pierre Volat
Claude Domenget
Jean Faug dit Girard
Joseph Faug dit Girard
Etienne Juliand
Jacques Juliand
Joseph Poncet
Pierre Juliand
Joseph Bollon
F^{ois} Becous
Noë Bollon
Claude Ginet
Joseph Roux
Claude Besson
Noë Claret
Antoine Monin
Antoine Monin
Joseph Fontanel
Jean Bouvier
Jean Quillet
Claude Bollon

Joseph Girard
Amédée Bollon
Hyacinthe Girard
Antoine Gerbat
Jean Riguet dit Tisserand
François Quillet
Jean Volat
Jean Duprat
Jean Basset
Bernard Gerbat
Noë Jeanton
Jean Ducret
Claude Riguet des Granges
Jean Riguet dit Cambat
Louis Quillet
Baptiste Riguet
Benoit Gerbat
Claude Gerbat
François Chollet
Sébastien Jeanton
Claude Pin
Alexandre Berthier
Joseph Noiton
Antoine Labeye
François Thomas
Gabriel Morat
Louis Rumilliet
Jacque Rumilliet
J. Choulet
Jean Meunier
Pierre Ganivet
Dominique Guillermin
Pierre Choullet
Simon Jovet
Claude Françons
Antoine Forêt
François Bollon
Antoine Pacoret

Claude Choirat	Jean Bouvier
Benoît Bertet	Claude Catet
Joseph Roux	Gustave Cartier
François Vincent	Benoît Chirat
Pacoret	Claude Toinet
Benoît Gerbat	Claude Morat
Jean Buirat	Claude Gaybard
Joseph Grumel	François Basset
Joseph Boverat	Pierre Basset

Plus quelques signatures illisibles.

(*Archives municipales de La Motte-Servolex, unis.*)

N° 14

Discours adressé par le citoyen Verneilh, préfet du Mont-Blanc, au clergé de ce département, avant la réception du serment prescrit par le Concordat, le 30 thermidor an XI.

Une révolution, d'abord inspirée par l'amour de la patrie, avait entraîné à sa suite de grandes erreurs et de grandes fautes. Les autels de la Religion avaient été brisés, et ses ministres dispersés et proscrits, lorsque, tout à coup, un gouvernement réparateur est sorti du sein des ruines, ayant à sa tête un de ces hommes rares que la Providence réserve pour ses grands desseins.

C'est en son nom, que je recevrai bientôt, des ministres de la Religion, le serment prescrit par le Concordat. La solennité dont le gouvernement a voulu que cette cérémonie fut entourée, en leur rappelant la sainteté des devoirs qu'ils auront reconnus envers la patrie, inspirera pour eux, aux citoyens, une vénération plus profonde et une confiance plus entière.

Ce ne sont plus de ces serments bizarres, inspirés par l'esprit de parti, où le domaine sacré de la conscience se trouvait en opposition plus ou moins directe avec les devoirs imposés. C'est la promesse pure et simple de fidélité que l'ancien clergé de France faisait au Souverain, et que MM. les évêques ont déjà faite dans les mains du premier Consul.

Vous le savez, Messieurs, l'Auteur divin du christianisme en fit un précepte formel à ses premiers disciples ; la religion ne consacre aucune forme particulière de gouvernement ; elle commande aux Pontifes, comme aux simples citoyens, de les respecter toutes, parce que toutes sont l'ouvrage de Celui dont la main puissante, créatrice des sociétés, élève ou abaisse, conserve ou dissout les empires.

L'institution du Sacerdoce a donc, et ne peut avoir pour objet, que l'enseignement de la morale et le culte qui la met en pratique. Les ministres de la Religion n'oublieront jamais que l'ordre civil et l'ordre politique leur sont entièrement étrangers.

Je ne parlerai point ici des obligations générales qui sont imposées aux pasteurs des paroisses. C'est au digne prélat, qui préside avec tant de succès à l'administration de ce diocèse, de vous les retracer, toutes les fois qu'il le jugera convenable. Vous aurez toujours les yeux sur ce chef de notre église, et l'exemple de ses vertus vous éclairera, vous encouragera, dans toutes les circonstances difficiles. Le magistrat se bornera donc à vous recommander celles de ces obligations qui se lient le plus directement avec l'ordre social.

Par exemple, les nouvelles lois vous font un devoir de ne donner la bénédiction nuptiale qu'à ceux qui vous justifieront avoir déjà contracté mariage devant l'officier civil. Vous sentez combien, s'il en était autrement, l'état des époux et des enfants serait tous les jours compromis ; elles prohibent aussi, dans vos instructions, toute inculpation directe ou indirecte contre les personnes et contre les cultes autorisés dans l'Etat ; je dis contre les cultes, car dès qu'ils sont autorisés par le Gouvernement, ils ne sont plus justiciables que de Dieu même. Je dis contre les personnes, car le sentiment le plus délicat, chez l'homme, c'est l'amour-propre. Tel aurait reçu, avec docilité, ou même avec reconnaissance, des représentations particulières et paternelles, qui s'irrite de ce qu'il croit être une censure publique ; la charité du bon Pasteur éclaire, adoucit, persuade, tandis que la critique ou l'improbation, qui semble partir de l'individu, ne fait qu'indisposer et aigrir, souvent sans retour.

M. M., la situation, où plusieurs d'entre vous allez vous trouver dans les communes, dont l'administration spirituelle vous est confiée, sera peut-être pénible encore quelque temps. C'est là le sort inévitable de presque tous les Etablissements nouveaux ; mais le temps et la piété amèneront bientôt des améliorations sensibles ; les autorités publiques, fidèles au vœu du gouvernement qui les a instituées, saisiront toutes les occasions à accélérer cette époque. Recourez à moi avec confiance dans tous les cas où vous auriez des plaintes fondées à former ; je me concerterai, lorsqu'il le faudra, avec M^r l'évêque, pour vous faire rendre la justice qui dépendra de nous ; mais je ne puis trop vous recommander cette modération salutaire qui seule gagne les affections et la confiance ; cette prudence, à la fois tolérante et sévère, qui attache en même temps qu'elle réprime. C'est surtout après une longue tourmente, pendant laquelle toutes les passions furent déchaînées, que ces vertus sont plus nécessaires.

Ministres de charité et de paix, que le souvenir de vos malheurs passés ne vienne jamais attiédir ou aigrir votre zèle. Que la Religion, qui vous unit, vous attache aussi, par des liens indissolubles, aux grands intérêts de la patrie. Que vos leçons, que vos exemples, forment les jeunes citoyens à l'amour de nos institutions, au respect pour les lois, à la subordination et à l'attachement pour les autorités établies. Vous vous ferez également un devoir, bien doux sans doute, d'adresser dans vos prières des vœux au ciel pour la prospérité de l'Etat, pour le Gouvernement, et particulièrement pour la conservation du héros triomphateur et pacificateur qui a rouvert les temples de la Religion, en même temps que ceux de la justice, de l'humanité et de la clémence.

Pour copie conforme, le Secrétaire général de la Préfecture,

Signé : PALLUEL.

N° 15

Constitution du Conseil municipal, en mai 1806

Pierre-Louis Pacoret, *maire*.
Louis-François La Palme, *1ᵉʳ adjoint*.
Pierre-Marie Perrin, *2ᵉ adjoint*.
Christophe Dupuis,
Jean Morat.
Gabriel Richard.
Alexandre Thomas.
Jean Bertrand.
Claude Menoud.
Fᵒⁱˢ Choulet dit Suisse.
Claude Passieu.
Charles Roche.
Joseph Vissot.
Noël Menoud.
Charles Bollon dit Quindiet.
Alexis George.
Jacques Venat.
François Choirat.

N° 16

Délibération du 30 juillet 1828, relative aux réparations et agrandissement de l'église de La Motte-Servolex.

L'an dix huit cent vingt huit, et le trente de juillet, sur les quatre heures de l'après midi, dans le Château du Comte Costa Camille (chef-lieu), le Conseil de la commune de la Motte-Servolex, réuni en nombre double, aux personnes de M. le Comte Costa Camille, syndic, Messieurs Choirat François, Pacoret Pierre, Mathieu Jean, Vuillermet Jean-Pierre, et Etienne Gaitaz dit la France, conseillers ordinaires, écrivant Mr Gay, secrétaire ; Et de Messieurs les conseillers adjoints, le Comte et sénateur Vignet, le Commandeur Verney Louis Gabriel, et le chevalier Perrin Pierre-Marie, Monsieur Marin Louis-Joseph, le Comte de St-Bon Charles-Joseph, Mr Berthier Claude-Bernard, Guinet Jacques et Morat Claude ;

Le Conseil ainsi réuni a eu l'honneur de l'intervention de Mgr l'Archevêque de la Métropole de Chambéry, et de celle de Mr le Comte Intendant général Pulvin ; dans cette séance le Conseil délibérant sur la nécessité d'agrandir l'Eglise de cette commune, eu égard à l'augmentation de la population et à la jonction qui fut faite, dans le temps, de la paroisse de Servollex à celle-ci, accueille avec respect la présence de Monseigneur l'Archevêque. Il rend grâce à la bonté et au zèle de Monseigneur qui ne craint pas de se déplacer, lorsqu'il s'agit de la gloire de Dieu et de son culte. Il se félicite aussi de l'intervention de Monsieur l'intendant général, et de son empressement dans tout ce qui peut intéresser ses administrés, soit dans leurs intérêts, soit dans celui de la Religion ;

Le Conseil, considérant que l'agrandissement de cette Eglise est indispensable, outre les réparations urgentes qu'il y faut faire, qui sont de toute évidence, et sur lesquelles par conséquent il ne peut survenir aucune contestation ;

Considérant que le second plan, soit projet de réparation présenté, paraît le plus régulier, le plus économique et le plus propre à remplir les vues bienfaisantes de Monsieur le Marquis Costa de Beauregard, dans le généreux projet qu'il a formé, pour alléger les charges de la commune, de refaire à neuf et à ses frais toute la nef au couchant de cette Eglise, avec agrandissements avantageux, dans cette partie, pour compenser l'augmentation de la population de cette commune ;

Monsieur le Marquis Costa intervient pour satisfaire son cœur bienfaisant, et propose au Conseil de faire à ses frais et à neuf, avec agrandissement la partie dont s'agit ci-dessus, au couchant de la dite Eglise, mais sous les conditions suivantes :

Savoir, 1° Qu'il soit autorisé à établir, dans cette partie, une chapelle close, à lui appartenant exclusivement, et dans les proportions et les dimensions qui lui conviendront, mais avec l'art qu'exigent et la décence et la solidité de cette Eglise. Secondement, au moyen que la commune se charge de la construction du nouveau chœur de cette Eglise, et de la partie partielle, au levant, de celle qui exige quelques réparations, en consentant cependant que la réparation de la partie de la nef, au levant, à forme du plan présenté, laquelle peut encore servir, soit ajournée à une époque plus éloignée ; Le Conseil accepte avec reconnaissance les offres de M. le Marquis Costa, aux conditions proposées ; et, à cet effet, à voté, à la majorité de dix voix contre trois, une somme de douze mille francs, qui seront pris d'abord sur la vente des biens communaux, et ensuite par impositions ; et a délibéré que les réparations en agrandissement de cette Eglise, à la charge de la commune, seront exécutés dans le terme de quatre ans, et que le prix en sera payé sur les fonds votés ci-dessus.

Le Conseil renouvelle ses respects et sa reconnaissance à Monseigneur, qui a bien voulu, dans sa bonté ordinaire, intervenir dans cette séance, et le prie d'être persuadé de tout son zèle pour seconder ses vues religieuses à cet égard.

Ainsi délibéré, en an, jour et lieu que dessus ; les trois voix opposantes se sont retirées avant les signatures, mais Monseigneur et Monsieur l'intendant général ont honoré de la leur celles de tous les autres membres du Conseil.

† ANTOINE, *Archevêque de Chambéry.*

Le Cte Camille DE COSTA, *syndic ;* PULVIN, L.-G. VERNEY, Chev. P.-M. PERRIN, Pierre PACORET, BERTHIER, J.-P. VUILLERMET, F. CHOIRAT, Cte VIGNET, Claude MORAT, Mis V. COSTA, J. MATHIEU, GAY.

N° 17

Délibération relative à la chapelle de Pingon

L'an dix huit cent trente, et le sept de Mars, au chef-lieu, à la Motte-Servolex, avant midi, le Conseil réuni en nombre double, aux personnes de M. le syndic Costa Camille, comte, François Choirat, Pierre Pacoret, Pierre Guinet, Mathieu Jean, Etienne Gaitaz dit la France, Jean-Pierre Vuillermet, et Jean Bollon Quindiet, l'ainé, et de Messieurs les membres adjoints, le marquis Costa de Beauregard, le comte de St-Bon, et Claude Morat feu Jean, les autres membres, quoique convoqués, absents; Ecrivant, M. Gay, secrétaire.

Le Conseil délibérant, le syndic donne lecture au Conseil de la correspondance qui a eu lieu entre lui et M. le marquis de la Prunarède, au sujet de la reconstruction de la chapelle de Pingon.

Il résulte de cette correspondance que M. de la Prunarède ayant déclaré qu'il ne consentirait à la destruction de cette chapelle qu'autant qu'il conserverait tous ses droits et avantages qui pourraient être annexés à sa possession, il lui a été donné l'option, par lettre du trois février dernier, de construire, sur le mur latéral qu'on se propose d'élever au nord de l'Eglise, un renfoncement circulaire pour y placer l'autel, et une place réservée pour lui et les siens, ou bien de céder entièrement l'emplacement de la dite chapelle, et de recevoir en échange le local de la sacristie actuelle, à la charge de construire, à ses frais, la nouvelle sacristie, qui, d'après le plan adopté, doit être placée à la droite du nouveau local.

M. le syndic donne ensuite lecture au Conseil de la lettre de M. de la Prunarède, du vingt-neuf février dernier, et celle du trois du même mois, par laquelle il offre de renoncer à l'emplacement actuel de la chapelle de Pingon, sous la condition :

1° Que le Conseil de la commune lui donnera en dédommagement le local de la sacristie actuelle, pour y placer une nouvelle chapelle qui remplacera la première, sous la condition que cette chapelle sera interdite au public ;

2º Que le dit échange sera revêtu de toutes les formalités nécessaires, Mr de la Prunarède déclarant consentir à la construction de la nouvelle sacristie, qui doit être à sa charge, et exprimant le désir de connaître préalablement le montant des frais auxquels il sera tenu.

Sur quoi le Conseil considérant que la construction de la nouvelle sacristie est nécessairement à la charge de la commune, d'après la vétusté et la position de celle actuelle ;

Que, lors même qu'on pourrait ajourner cette construction, elle n'en serait pas moins tôt ou tard une charge bien onéreuse ; que d'ailleurs ce retard serait désavantageux, parce que les murs, étant faits postérieurement à ceux du nouveau chœur, ne pourraient jamais présenter une maçonnerie solide et liée, et qu'en attendant, les voûtes de ce chœur, n'étant pas contrebuttées par des constructions latérales, seraient exposées à manquer de solidité ; que par conséquent on doit regarder la construction simultanée du nouveau chœur et de la nouvelle sacristie comme une chose non seulement utile, mais nécessaire ; Ainsi, l'offre de Mr de la Prunarède est très avantageuse à la commune, en la défrayant d'un surcroit de dépenses auxquelles ses moyens actuels ne lui permettent pas de faire face ; Que d'ailleurs l'arrangement proposé éloigne toutes les difficultés qui auraient pu s'élever entre la commune et M. de la Prunarède, au sujet de la chapelle de Pingon ;

Arrête à l'unanimité qu'il consent céder à Mr le marquis de la Prunarède, pour lui et les siens, et en correspectif de l'abandon par lui fait de l'ancienne chapelle de Pingon, le local actuellement occupé par la sacristie existante, pour y bâtir une chapelle qui remplacera celle de Pingon, et dont il aura le droit d'interdire l'entrée au public, sauf à lui à s'entendre, pour cet objet, avec l'autorité ecclésiastique.

Cet abandon est proposé sous la charge et condition spéciales : 1º Que Mr de la Prunarède construira à ses frais la nouvelle sacristie, qui doit être élevée à droite, soit au midi du nouveau chœur ; Etant entendu que le mur intermédiaire est à la charge de la commune, et que le mur extérieur et méridional sera placé en alignement, non du mur latéral et actuel de l'Eglise, mais de la direction qu'aura ce mur, lorsqu'il aura été reconstruit suivant le plan général ; 2° qu'il ouvrira et fera construire, également à ses frais, un arc semblable à celui que fera Mʳ le marquis Costa, pour prendre jour de sa chapelle dans l'Eglise ; Le Conseil déclare consentir à ce que Mʳ le marquis de la Prunarède fasse transporter, dans la nouvelle chapelle qu'il construira, tous ses droits et privilèges annexés à la chapelle dite de Pingon, qui seraient compatibles avec les lois en vigueur.

Le Conseil charge spécialement Mʳ le syndic d'exprimer à Mʳ le marquis de la Prunarède la satisfaction avec laquelle il a reçu sa proposition, ainsi que la reconnaissance du Conseil pour la part qu'il veut prendre aux dépenses de la restauration de l'Eglise ; la construction d'une nouvelle chapelle, pour sa famille, devant être d'autant plus agréable au Conseil et aux habitants de la commune de la Motte-Servolex, qu'elle leur fait entrevoir qu'elle aura vraisemblablement l'avantage de posséder parmi eux, au moins pendant une partie de l'année, une famille aussi éminemment distinguée par ses vertus que par sa bienfaisance.

Le Conseil autorise en outre Mʳ le syndic, à communiquer à Mʳ de la Prunarède, tous les plans et devis relatifs à la nouvelle construction, afin qu'il puisse s'en servir pour connaître le montant des dépenses qui seront à sa charge.

Ainsi délibéré.

  Le Cᵗᵉ Camille DE COSTA, *syndic* ; Pierre PACORET,
   J. MATHIEU, Pierre GUINET, BOLLON Jean,
   J.-P. VUILLERMET, marque de † ETIENNE, GAITAZ
   dit la France, Claude MORAT, le Mⁱˢ COSTA,
   F. CHOIRAT, C.-G. DE Sᵗ-BON, GAY.

N° 18

Sur l'établissement d'une chapelle par le Cte Costa Camille

L'an dix huit cent trente deux, et le treize d'Avril, avant midi, le Conseil de la commune de La Motte-Servolex, réuni en nombre double, aux personnes de M^r le Comte Costa Camille syndic, Bollon Jean, Claude Berthet, Pierre Guinet et Jean-Pierre Vuillermet, écrivant, Mr Gay, secrétaire, les autres membres empêchés, malades ; et de M^{rs} les membres adjoints, désignés par M^r l'intendant, le commandeur Verney Louis-Gabriel, le chevalier Perrin Pierre-Marie, Pacoret Melchior, Mr Cornu pour M^r le Marquis de la Prunarède, Guinet Jacques et Morat Claude, les autres membres désignés, quoique dûment convoqués, absents ;

1° Délibérant sur la demande faite par M^r le Comte Costa Camille de remplacer M^r le Marquis de la Prunarède pour la construction d'une chapelle parallèle à celle de M^r le Marquis Costa, son frère, dans l'église de cette paroisse, soit l'emplacement actuel de l'ancienne sacristie, conformément aux offres consignées dans les délibérations du Conseil, des sept et quatorze mars dix huit cent trente ; 2° Sur la demande et l'offre faite par la Confrérie du Rosaire de construire à ses frais une autre chapelle du même côté, en ouvrant deux arcs parallèles à ceux du côté opposé ; Le Conseil, considérant, quant à la demande de M^r le Comte Costa, qu'il n'y a aucune raison qui puisse obster à sa demande, attendu que le tout a déjà été prévu et admis en faveur de Mr de la Prunarède, par les délibérations précitées ; que ce dernier s'étant désisté, les mêmes conditions et charges doivent subsister en faveur de la commune, est d'avis que M^r le Comte Costa représente M^r le Comte de la Prunarède, dans tout ce qui a rapport à l'établissement de la chapelle dont s'agit, aux mêmes charges, clauses et conditions prévues dans les délibérations dont s'agit.

Et quant à la chapelle à établir par la confrérie du Rosaire ; Considérant que l'établissement de cette chapelle entre dans le décor de l'Eglise, et que déjà elle y a été autorisée, en vertu de la délibération du Conseil de Fabrique du vingt neuf mars dernier, par ordonnance de Monseigneur l'Archevêque, du trois ayril suivant ; le Conseil est d'avis qu'il n'a aucune opposition à former à l'établissement de cette chapelle, attendu que la confrérie du Rosaire seule en fait les frais.

Ainsi délibéré :

> Le Cte Camille DE COSTA, le Cte VERNEY, Pierre GUINET, J.-P. VUILLERMET, CORNU (pour M. le Mis DE LA PRUNARÈDE), C. BERTHET, BOLLON Jean, M. PACORET, GUINET, C. MORAT, CHOULET, GAY.

TABLE DES PHOTOGRAVURES

	Pages.
1. — Vue générale de la butte du Prieuré	12
2. — Prieuré de La Motte, construit, vers l'an 1100, par les R^{ds} Chanoines Réguliers de Belley. — Eglise du Prieuré, restaurée en 1828	32
3. — Vue générale de Servolex	48
4. — Château des seigneurs de Montfort (3ᵉ branche), sis à Villardmarin, bâti en 1662-1663. — Vers l'angle nord, une tour, dont il ne reste rien, était adossée à la terrasse	80
5. — Château seigneurial de Pingon, construit, vers 1515, par Louis II de Pingon	84
6. — Château de Servolex, refuge des derniers de Montfort. — Avant la Révolution, il fut la propriété des Vissot ; après la Révolution, des de Vignet-Montfort ; aujourd'hui, de la famille Barral	96
7. — Ancien château seigneurial des Chevillard de St-Oyen, comtes d'Ugines, barons du Bois, seigneurs de La Motte et de Belmont	128
8. — Montée de la butte	160
9. — Château de M. le comte Camille Costa de Beauregard	196
10. — Le Pensionnat libre de La Motte-Servolex, fondé en 1843	208

TABLE DES MATIÈRES

	Pages.
Dédicace	5
Avant-propos	7

LIVRE I

La Motte, du XIe siècle à la Révolution

CHAPITRE PREMIER
Les Origines de la Paroisse

Le Prieuré de St-Jean-Baptiste de La Motte. — Etymologie du nom. — Sa fondation. — L'église primitive. — Union du prieuré au Chapitre de Belley. — Ses propriétés et revenus. — Biens et revenus de la cure. — Chapelles fondées. — La Vicairie perpétuelle. — Relations du prieuré avec l'évêque de Grenoble. — Droits et charges de ce dernier. — Chanoines, curés et vicaires perpétuels (1643 à 1793).................... 13

CHAPITRE II
La paroisse de Servolex, de l'an 1100 à 1793

Ses origines. — Etymologie du nom. — Ses biens et revenus. — Son église. — La vie paroissiale. — Les curés de Servolex (1356 à 1793). — Quelques faits relatifs à leur ministère. — Quelques notes sur les années calamiteuses de 1761, 1762 et suivantes. — Etat des immeubles cultuels.................... 47

CHAPITRE III
Etat social des Communautés de La Motte-Montfort et Servolex avant 1789

Les droits seigneuriaux. — Les servis. — La noblesse. — Ses relations avec le peuple. — Sa déchéance. — Condition du paysan avant la Révolution. — La bourgeoisie ou Tiers-Etat. — Les Impôts. — Constitution de la Commune rurale. — Les Châtellenies. — Rôle des syndics.................... 64

CHAPITRE IV

Familles seigneuriales et nobles de la Motte-Montfort

Les seigneurs de Montfort de St-Sulpice. — Les seigneurs d'Allinges, marquis de Coudré. — Les Morand, seigneurs de St-Sulpice. — Leur origine. — Château de Villardmarin. — Les de Morand, seigneurs de La Motte. — Alliance avec les de Vignet. — De Morand de Confignon. — Les seigneurs de Pingon. — Leur origine. — Maison-forte de Pingon. — Emmanuel-Philibert de Pingon. — Le dernier des de Pingon. — Principales familles nobles et bourgeoises de La Motte-Montfort et de Servolex. — Aubriot de la Palme. — Sardes de la Forest. — Dupasquier. — Chevillard de St Oyen. — Pacoret de St-Bon. — Perrin. — George. — Chantabord... 78

CHAPITRE V

Préliminaires de la Révolution. — Les Affranchissements

Premiers essais, à La Motte. — Décret du 17 décembre 1771. — Difficultés. — Le cottet de répartition. — *Servolex*. — Les mêmes opérations, rapidement menées. — Etat des fiefs et servis. — Rd Pierron, curé de St-Sulpice. — Procès entre le Chapitre de Belley et la paroisse de Servolex. — Complète solution des affranchissements... 96

LIVRE II

La Motte-Montfort et Servolex, pendant et après la grande Révolution

CHAPITRE PREMIER

Les Débuts de la Révolution en Savoie

Notions générales. — Les origines et les débuts de la Révolution. — Constitution civile du clergé. — Danton, Marat, Robespierre. — L'Europe coalisée. — Conquête de la Savoie, et sa réunion à la France. — Assemblée nationale des Allobroges. — Le Département du Mont-Blanc. — Les commissaires de la Constituante. — Application des Décrets révolutionnaires. — Le premier serment. — La Convention. — Le commissaire Albite. — Ses odieux décrets............... 111

CHAPITRE II

La Motte-Montfort et Servolex, de 1792 à 1794

Les élections municipales à La Motte-Montfort, — à Servolex. — Inventaire des biens religieux. — Prestation du serment par R^{ds} Arbarétier, Gotteland et Sardes. — Les décrets du Directoire de Chambéry. — Leur exécution à La Motte-Montfort et à Servolex. — Rétractation de R^d Sardes. — Le diocèse du Mont-Blanc. — Organisation civile du culte, à La Motte-Montfort. — Inventaire des biens religieux, à La Motte-Montfort et à Servolex. — Réunion des deux paroisses. — Réquisitions pour les armées de la République. — Enrôlement des citoyens valides. — Spoliation des églises. — Une fête nationale à La Motte-Montfort. — Séquestre des biens des émigrés. — Visites domiciliaires. — Le serment d'Albite et les sieurs Arbarétier et Gotteland.... 120

CHAPITRE III

La Terreur à La Motte et à Servolex
Régime d'Albite, de février à août 1794

Les arrêtés du représentant du peuple. — Leur exécution à La Motte-Montfort et à Servolex. — Vente des biens dits nationaux. — Recherche des suspects. — Les prisons regorgent de nobles et de prêtres. — Le mobilier du culte, vendu ou brûlé. — Vente des immeubles et biens religieux, à La Motte et à Servolex. — La Convention rappelle Albite à Paris..................... 150

CHAPITRE IV

Réunion de La Motte et de Servolex

La nouvelle municipalité. — Etat des deux églises. — Suspension du culte paroissial. — Les missionnaires. — Fin de la Convention. — Détente momentanée. — Pétition pour le rétablissement du culte. — Le Conseil des Cinq-Cents remet en vigueur les lois persécutrices. — Coup d'Etat du 18 Brumaire 1799. — Ses résultats.... 164

CHAPITRE V
Du Concordat à 1816

Proclamation du Maire de La Motte-Montfort-Servolex. — Réorganisation du culte. — R^d Sardes de la Forest, curé. — Lettre du préfet Verneilh au Maire de La Motte-Servolex. — Installation du curé Sardes. — Relèvement des ruines. — Sollicitude municipale. — Conseil de fabrique (1804). — Taxe familiale pour la restauration de la paroisse. — R^d François-Marie Dunoyer, curé-archiprêtre de La Motte-Servolex. — Conflit entre le curé et le conseil municipal. — L'armée autrichienne en Savoie — Fin du premier Empire. — La Savoie revient à son Prince — La famille Costa de Beauregard à La Motte-Servolex.................. 173

CHAPITRE VI
La Motte-Servolex, de 1816 à 1850

Victor-Emmanuel Ier à Chambéry. — Proclamation du syndic, Comte Victor Costa de Beauregard. — Reconstruction du clocher par le Comte Victor Costa. — Syndicat de Louis-Joseph Marin. — Délibérations relatives à l'agrandissement de l'église. — Les difficultés. — Le syndic Charles Burnier. — Refonte des cloches. — Don de M. le Marquis Victor Costa de Beauregard, syndic. — Construction du nouveau chœur. — Réfection des nefs. — Générosité des Marquis et Comte Costa. — Le chemin de Leyaz à l'église. — Négociation au sujet de l'établissement d'une paroisse, au Trembley. — Etablissement d'une école chrétienne. — R^d François Belville. — Etablissement des Frères des Ecoles chrétiennes, à La Motte-Servolex. — Etablissement du presbytère dans l'immeuble de l'école................ 190

Evêques de Grenoble dont la juridiction s'est exercée sur nos deux paroisses de La Motte et Servolex, de 1080 à 1777.. 214
Table des Photogravures........................... 241
Table des Matières................................ 243
Table des Pièces justificatives.................... 247

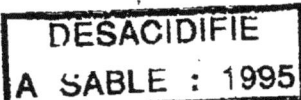

TABLE DES PIÈCES JUSTIFICATIVES

Pages.

N° 1. — Acte d'union du prieuré de La Motte au Chapitre de Belley.................................... 215
N° 2. — Propriété de la cure............................. 216
N° 3. — Propriété de la Chapelle de St Joseph............ 217
N° 4. — Propriété de la Chapelle de la Ste Trinité....... 217
N° 5. — Propriété de la Chapelle de St Félix............. 218
N° 6. — Relation d'une mission, prêchée à La Motte, en 1739.. 218
N° 7. — Propriété de la cure de Servolex, en 1730........ 220
N° 8. — Eloge funèbre de R^d Louis Tournier (en latin).... 221
N° 9. — Cottet de répartition, entre les Communiers de Servolex, pour l'affranchissement du fief du prieuré du Bourget................................ 222
N° 10 — Inventaire des meubles cultuels de Servolex.... 223
N° 11 — Inventaire des meubles et linges des confréries du Rosaire, de St Joseph, de St Sébastien..... 225
N° 12. — Etat des biens religieux de La Motte et de Servolex, vendus à la Révolution.................. 227
N° 13. — Pétition en faveur du rétablissement du culte... 228
N° 14. — Discours du préfet Verneilh, au clergé diocésain. 230
N° 15. — Conseil municipal de 1806..................... 233
N° 16 — Délibération relative à l'agrandissement de l'église.. 233
N° 17. — Délibération relative à la chapelle de Pingon.... 236
N° 18. — Délibération relative à la chapelle du Rosaire... 239

CHAMBÉRY
IMPRIMERIE GÉNÉRALE SAVOISIENNE
5, Rue du Château, 5

www.ingramcontent.com/pod-product-compliance
Lightning Source LLC
Chambersburg PA
CBHW062019180426
43200CB00029B/2120